Literalität und Partizipation

SCHRIFTENREIHE DER
DEMOKRATIE-STIFTUNG
DER UNIVERSITÄT ZU KÖLN

Herausgegeben von
der Demokratie-Stiftung der Universität zu Köln

BAND 2

Literarität und Partizipation

Über schriftsprachliche Voraussetzungen
demokratischer Teilhabe

Bibliografische Information der Deutschen Nationalbibliothek
Die Deutsche Nationalbibliothek verzeichnet diese Publikation
in der Deutschen Nationalbibliografie; detaillierte bibliografische
Daten sind im Internet über http://dnb.d-nb.de abrufbar.

ISSN 2194-1572
ISBN 978-3-631-64670-0 (Print)
E-ISBN 978-3-653-04197-2 (E-Book)
DOI 10.3726/978-3-653-04197-2

© Peter Lang GmbH
Internationaler Verlag der Wissenschaften
Frankfurt am Main 2014
Alle Rechte vorbehalten.
Peter Lang Edition ist ein Imprint der Peter Lang GmbH.

Peter Lang – Frankfurt am Main · Bern · Bruxelles ·
New York · Oxford · Warszawa · Wien

Das Werk einschließlich aller seiner Teile ist urheberrechtlich
geschützt. Jede Verwertung außerhalb der engen Grenzen des
Urheberrechtsgesetzes ist ohne Zustimmung des Verlages
unzulässig und strafbar. Das gilt insbesondere für
Vervielfältigungen, Übersetzungen, Mikroverfilmungen und die
Einspeicherung und Verarbeitung in elektronischen Systemen.

Dieses Buch erscheint in der Peter Lang Edition
und wurde vor Erscheinen peer reviewed.

www.peterlang.com

Inhalt

Grußwort anlässlich der Tagung Literalität und Partizipation der
Stiftung Demokratie.. 7
Dr. Johannes Neyses

Literalität. Sprache, Partizipation. 13
Professor Dr. Hans-Joachim Roth

Einführung in die Tagung 25
Professor Dr. Klaus Künzel

Referenten 29

Literalität und politische Partizipation. Aktuelle Entwicklungen
und Konsequenzen für die Grundbildungsarbeit 33
Dr. Jens Korfkamp

Mehrsprachigkeit, Bildungssprache und gesellschaftliche Partizipation............ 55
Professorin Dr. Sara Fürstenau und Imke Lange

Literacy and Civil Society: A Perspective on policy,
theory and practice in the UK 73
Professorin Mary Hamilton

Social and political participation in democracy building:
The Role of Literacy Programs and Educational Reforms in Russia 85
Professor Dr. Grigory Kliucharev

Ist Lesekompetenz eine Aufgabe der politischen Bildung?
Anmerkungen zum Konzept der „politischen Lesekompetenz"....................... 99
Professorin Dr. Bettina Zurstrassen

Grußwort anlässlich der Tagung Literalität und Partizipation der Stiftung Demokratie

Dr. Johannes Neyses,
Kanzler der Universität zu Köln
und Mitglied des Kuratoriums der Demokratiestiftung

Meine sehr geehrten Damen und Herren, im Namen des Rektorats der Universität zu Köln, und zugleich im Namen des Kuratoriums der Demokratiestiftung der Universität möchte ich Sie ganz herzlich zu der heutigen Tagung willkommen heißen.

Lassen Sie mich zu Beginn kurz darstellen, welche Ziele die Demokratiestiftung verfolgt: Nach ihrer Satzung verfolgt die Stiftung den Zweck, durch Wissenschaft und Bildung einen friedlichen Beitrag zur Verbreitung und Vertiefung demokratischer Ideen zu leisten. Wir haben damals, als wir die Stiftung gegründet haben, ganz bewusst in der Satzung verankert, dass unser Ziel die Verbreitung und Vertiefung demokratischer Ideen durch Bildung und Wissenschaft ist; d.h. wesentliches Ziel der Stiftung ist die Demokratieforschung, denn gerade die Universität zu Köln bietet mit ihrer großen Fächervielfalt sehr gute Voraussetzungen dafür, die rechtlich-strukturellen, historischen und politikwissenschaftlichen Fragestellungen von Demokratie wissenschaftlich zu bearbeiten. Die wissenschaftliche Bearbeitung unterstreicht, dass genau dies Sache der Universität ist und nicht, ähnlich wie eine Bürgerinitiative vorzugehen. Dabei sind Bürgerinitiativen und entsprechende Aktivitäten für ein demokratisches Gemeinwesen natürlich von hoher Bedeutung; die Diskussion um Stuttgart 21 zeigt, wie sehr die Menschen nach mehr Partizipation streben und sich für dieses Ziel persönlich engagieren oder in politischen Parteien, Interessensvertretungen oder Bürgerinitiativen einsetzen. Dass dies so ist, ist gut und begrüßenswert, indes sollte sich die Universität als Institution den Fragen der Demokratie auf andere Art und Weise zuwenden; sie muss neutral bleiben und von ihrer grundlegenden Zielsetzung und Aufgabenstellung, nämlich der in Wissenschaft und Forschung, an das Thema herangehen.

In der bisherigen Arbeit der Stiftung standen in diesem Sinne im Fokus insbesondere die Befassung mit den demokratischen Prinzipien und Grundwerten, die Auseinandersetzung mit Verhaltensformen in der Demokratie sowie die nationale und internationale Kommunikation durch regelmäßig stattfindende Symposien und Ringvorlesungen. So hat die Demokratiestiftung in den letzten Jahren eine ganze Reihe von Symposien und Veranstaltungen zu wichtigen Themen durchgeführt: zuletzt vor einem halben Jahr in der Deutschen Welle zu dem Thema „Medien und Demokratie". Es wurde die Frage untersucht, welchen Einfluss die Medien auf die politische Meinungs- und Willensbildung in der Gesellschaft haben. Ich brauche sicher nicht besonders zu betonen, welche herausragende Bedeutung die Medien in diesem Zusammenhang haben. Wo aber sind die Grenzen der Berichterstattung? Wie wird die öffentliche Aufgabe der Information der Bürgerinnen und Bürger wahrgenommen? Es war eine hochinteressante Tagung in der Deutschen Welle. Sie finden die Ergebnisse auf unserer Homepage und in den Verlautbarungen der Stiftung.

Welche Bedeutung die Auseinandersetzung mit dem Thema „Demokratie" hat, zeigt der Blick auf die weltweiten politischen Veränderungen. Nach dem Zusammenbruch zahlreicher autoritärer Herrschaftssysteme in Afrika, Asien und Lateinamerika und der Inklusion des sowjetischen Hegemonialbereichs, welche die Demokratie als die wesentliche und zukunftsweisende politische Ordnung zurückgelassen hat, kann man mit guten Gründen zu der Einschätzung gelangen, dass die Systemkonkurrenz als entschieden anzusehen ist. Dies bedeutet aber noch nicht, dass die Welt seither auf ein friedliches Zusammenleben demokratisch verfasster Gesellschaften hinausläuft. Vielmehr zeigt sich, dass der Weg zu einer stabilen rechtsstaatlich verfassten Demokratie je nach den kulturellen, ökonomischen und sozialen Bedingungen sehr weit sein kann und Rückschläge möglich sind.

Vor diesem Hintergrund hat das Kuratorium der Demokratiestiftung nach intensiver Diskussion ein unter engagierter Mitwirkung der beiden Kölner Politikwissenschaftler André Kaiser und Wolfgang Leidhold entwickeltes Stiftungskonzept verabschiedet. In diesem Konzept, meine Damen und Herren, sind die Problemfelder für die Arbeit der Stiftung abgesteckt.

Zum einen geht es um die Frage, unter welchen Bedingungen Demokratie dauerhaft zu stabilisieren ist, welche kulturellen, ökonomischen und sozialen Rahmenbedingungen ihr förderlich sind und welche nicht. In welcher Weise kann international und transnational unterstützend auf Prozesse der Konsolidierung von Demokratie eingewirkt werden? Zu der notwendigen Bedingung einer stabilenDemokratie, in periodisch wiederkehrenden Wahlen das politische Führungspersonal zu bestimmen, muss eine verfassungsmäßige Verankerung von Rechten und Pflichten hinzukommen, an welche auch das politische Führungspersonal gebunden ist. Diese Aspekte tragen unser Stiftungskonzept, und wenn man sich die anstehende Diskussion um den ehemaligen Bundespräsidenten Wulff vergegenwärtigt, ist genau dies das Problem: nämlich die Regeln und Verhaltensmuster, die auch das politische Führungspersonal zu erfüllen hat. Deshalb wird in der Öffentlichkeit, ich denke zu Recht, die Auffassung vertreten, dass das, was mit Herrn Wulff geschehen ist, auch eine Art Reinigung (Selbstreinigung) der Demokratie gewesen sei.

Kritisch war allerdings, in welcher Art und Weise persönliche Dinge recherchiert und ausgebreitet wurden. Dies war nach meiner Auffassung zu weitgehend, zum Teil sogar diffamierend. Dass unabhängig davon der Rücktritt (immerhin der eines Staatsoberhauptes) auch eine Folge demokratischer Strukturen und Prozesse war und ist, kann indes nicht geleugnet werden.

Für eine Demokratie unabdingbar, das wissen Sie alle, ist die unbedingte Geltung der Menschen- und Bürgerrechte, die jeder legitimen Herrschaftsordnung vorgegeben ist. Herausragende Bedeutung hat ferner die Frage der Demokratiequalität. Gerade weil die Demokratie aus der Systemkonkurrenz gestärkt hervorgegangen ist, wird jetzt genauer als zuvor hinterfragt, ob sie wirklich das halten kann, was sie verspricht. Es scheint, als stünde die Demokratie nun, nachdem sie sich weiter durchgesetzt hat, vor neuen Herausforderungen, die weitreichende Veränderungen zur Folge haben. Wie lässt sich Demokratie mit Formen der politischen Entscheidungsfindung durch internationale und transnationale Organisationen, vor allem in der Europäischen Union, vereinbaren? Was bedeutet die zunehmende Macht der Finanzmärkte für die Demokratie? Welche Rolle spielen die modernen Kommunikationsmittel im Prozess der demokratischen Meinungs- und Willensbildung? Sie sehen, meine Damen und Herren, die Demokratiequalität ist eine ganz entscheidende Fragestellung für die Demokratiestiftung der Universität und beinhaltet Themen, die wiederum interdisziplinär und deshalb in einer Universität gut aufgehoben sind.

Schließlich soll nach unserem Stiftungskonzept der Demokratieeffektivität verstärkte Aufmerksamkeit gewidmet werden. Die Zustimmungsfähigkeit demokratischer Ordnungen ist nicht nur davon abhängig, dass für die Bürger auf nachvollziehbare Weise Partizipationsansprüche und Interessen in politische Entscheidungen münden. Sie ergibt sich vielmehr auch daraus, dass das politische System seine Leistungsfähigkeit unter Beweis stellen, Probleme kompetent lösen und Herausforderungen meistern muss. Auch da kann die aktuelle Problematik um die Finanzmärkte angeführt werden; denn es ist Aufgabe des politisch-demokratischen Systems, diese Probleme zu lösen und sie nicht dem freien, ungehemmten Spiel der Kräfte oder der Börse zu überlassen.

Daher ist jeweils zu fragen, wie möglichen Effektivitätsproblemen in der Demokratie begegnet werden kann; und insofern bleibt es trotz aller demokratischer Errungenschaften in den westlichen Demokratien seit dem Ende des 2. Weltkrieges eine Daueraufgabe, die Rahmenbedingungen für die Demokratie im Lichte der neuen Herausforderungen immer wieder auf den Prüfstand zu stellen und weiterzuentwickeln. Ich verweise in diesem Zusammenhang auch auf den von den Professoren Kaiser und Leidhold herausgegebenen Sammelband „Demokratie. Chancen und Herausforderungen im 21. Jahrhundert", der 2005 als Band I der Beiträge zur empirischen Demokratieforschung erschienen ist.

Vor diesem Hintergrund geht es am heutigen Tag um die so zentrale und wichtige Frage von Literalität und Partizipation. Denn das Beherrschen grundlegender Lese- und Schreibkompetenzen, meine Damen und Herren, ist zweifelsohne eine Minimalbedingung für die Beteiligung an demokratischen Prozessen, und zugleich Bedingung dafür, in lebenswichtigen Fragen überhaupt am gesellschaftlichen Leben teilhaben zu können. In Deutschland sind über 10 Prozent der Erwachsenen durch ihre mangelnden schriftsprachlichen Kompetenzen in ihren Mitwirkungsmöglichkeiten drastisch eingeschränkt. Allein in Köln sind ca. 45.000 Bürger funktionale Analphabeten. Ihre Einschränkungen werden öffentlich kaum wahrgenommen. Maßnahmen der politischen Bildung im weiteren Sinne erreichen diese Bürger nicht; und dies ist natürlich ein beunruhigendes Phänomen. Es lässt die Frage entstehen, wie in unserer Demokratie die Aktualisierung und Pflege ihrer Wertgrundlagen auf der breitestmöglichen Basis gelingen kann. Wie kann in unserer Gesellschaft, die von weltanschaulichem und politischem Pluralismus geprägt ist, der notwendige Zugang zu Bildung erreicht werden? Wie können die grundlegenden Personalkompetenzen vermittelt werden? Wie können bestehende Beteiligungsbarrieren abgebaut werden?

Damit sind wir mitten im Thema der heutigen Tagung, die uns Antworten auf diese Fragen vermitteln soll. Deshalb will ich an dieser Stelle auch meinen Vorspann beenden.

Bevor wir zu den folgenden Beiträgen kommen, ist es mir ein Anliegen, ein Wort des Dankes zu sagen: Ein großes Dankeschön gilt Herrn Professor Künzel, der diese internationale Tagung konzipiert und organisiert hat, und ebenso den Referenten, die zum Teil von weither angereist sind und heute den ersten Frühlingstag in der Domstadt erleben. Ein herzliches Dankeschön auch an das Team von Herrn Professor Künzel und die Mitarbeiter der Stiftung, die die Organisation der Veranstaltung engagiert unterstützt haben.

Ich wünsche Ihnen und uns, meine Damen und Herren, lebendige und ertragreiche Diskussionen und unseren Gästen einen angenehmen Aufenthalt in Köln.

Vielen Dank für Ihre Aufmerksamkeit.

Literalität. Sprache, Partizipation.

*Professor Dr. Hans-Joachim Roth,
Dekan der Humanwissenschaftlichen Fakultät an der
Universtität zu Köln*

Meine Damen und Herren, lieber Herr Kanzler, lieber Herr Neyses, lieber Herr Künzel.

Als ich die Anfrage bekam, als Dekan der Humanwissenschaftlichen Fakultät hier zur Begrüßung nicht nur „Hallo" und „einen schönen Tag", sondern vielleicht auch ein paar inhaltliche Dinge zu sagen, die vielleicht aus der Sicht unserer Fakultät, aber auch ein wenig aus dem Bereich meines eigenen Arbeitsgebietes ganz gut dazu passen, habe ich gerne zugesagt. Denn es ist eine ganz wesentliche Thematik, die hier aufgegriffen worden ist: Die Frage der Literalität nicht nur im Sinne von Alphabetisierung, wie man es früher verstanden hat, sondern eben in einem umfassenderen Sinne aufzugreifen – bzw. sogar in einem grundsätzlichen Sinne aufzugreifen. Denn man kann den Abstracts der verschiedenen Beiträge ganz gut entnehmen, dass grundsätzliche Fragen gestellt und diskutiert werden sollen.

Ich halte dieses Thema für wichtig, und es ist vielleicht sogar eines der ganz zentral wichtigen Themen der modernen oder postmodernen Gesellschaft. Eine solche Veranstaltung zeigt auch, dass man die Diskussion über die gesellschaftliche Bedeutung von Literalität als Bildung nicht nur solchen Unternehmen wie PISA überlässt, die Autorinnen und Autoren hatten dieses Thema unter dem Begriff der Grundbildung versucht aufzugreifen. Dies ist sehr wichtig, aber natürlich zum einen sehr stark eingebettet in ökonomische Aspekte, in eine bestimmte Funktionalität eines Bildungssystems eingepasst und sehr stark auf die Schule fokussiert. Von daher ist gerade die Initiative, dieses Thema aus der Erwachsenenbildung heraus aufzugreifen sehr wesentlich, denn es ist auch immer schon ein traditionelles und zentrales Thema der Erwachsenenbildung gewesen. Dieses hier noch einmal etwas grundsätzlicher zu behandeln, halte ich für sehr wesentlich.

Es ist dann eben nicht nur im Hinblick darauf zu diskutieren, dass es sich um Grundfertigkeiten im Lesen und Schreiben handelt, sondern tatsächlich auch um einen breiteren Zugang, der ganz grundsätzlich etwas mit unserem Verständnis der Demokratie zu tun hat. Als ich in der Vorbereitung für heute zurück überlegt habe, stellte sich die Frage: Was habe ich als Erziehungswissenschaftler selber für Zugänge? Als erstes fällt einem immer Pestalozzi ein, der diese Grundbildung als Elementarbildung übersetzt hat und sinngemäß gesagt hat: „Wir brauchen bestimmte Grundfertigkeiten, die die Menschen benötigen, um überhaupt ihr Leben fristen zu können." Das hat sich in seiner Konzeption von Bildung und Pädagogik durchaus als eine sehr starke, die Schweiz zur Demokratie aufsprengende Wirkung gezeigt. So kann man das vielleicht ein wenig übersetzen, auch wenn es bei ihm sicherlich noch eher instrumentell gedacht war. Aus meinem eigenen Arbeitskontext, der interkulturellen Bildung, gibt es ebenfalls klare Zugänge zum Thema dieser Veranstaltung: So war in den 1970/80er Jahren des letzten Jahrhunderts Paulo Freire eigentlich die zentrale Figur – also auch die zentrale theoretische Position –, die speziell mit dem Thema verbunden worden ist. Freire nämlich hatte eben auch genau ein Verständnis von Grundbildung entwickelt, das an den Grundbedürfnissen der Menschen ansetzt; seine Bildungsvorstellungen hat er daraufhin so entwickelt, dass sie an den Grundbedürfnissen ansetzten: Lesen und Schreiben wurden über „generative Themen" in den Gesamtkontext einer partizipatorischen Bildung eingebettet.

Ich möchte mich aber im Folgenden auf das Erzählen von Geschichten beschränken; für die systematische Bearbeitung stehen die Vortragenden dieser Veranstaltung bereits. Die Geschichten liegen einige tausend Jahre auseinander, und die erste ist sehr alt. Ich beginne mit dieser alten Geschichte, die sicher alle kennen, die für viele aber vielleicht in der hintersten Hirnschublade des Bildungswissens oder im Bücherschrank verkramt ist. Es handelt sich um die Geschichte der Atriden. Der Bekannteste dieses Geschlechts – am Übergang vom Mythos in die Geschichte – ist Agamemnon, der griechische Heerführer, der Troja in die Knie zwang. Militärhistorisch ist er eine interessante Figur, denn er gilt als ein großer Modernisierer, weil er den Krieg gegen Troja eben nicht über individuelles Heldentum, sondern über eine rationale, das heißt verwaltungstechnisch organisierte Kriegsführung gewann. Dieses eher adminstrative Element wird hinter der berühmten List des Odysseus immer wieder vergessen. Die heroische Tradition des individuellen Helden repräsentiert bekanntlich Achilles, dessen tragischer Tod an der berühmten Achillesferse ja eben nicht den Tod eines Einzelnen, sondern den Tod eines archaischen Prinzips der Kriegsführung zum Ausdruck bringt. Von daher wirkt das grausige Schicksal Agamemnons selbst – er wurde ja bekanntlich nach der Rückkehr nach Mykene von seiner inzwischen mit einem Anderen verbandelten Gattin Klytämnestra ermordet – durchaus ironisch, weil er genau genommen von dem Prinzip hingerafft wurde, dessen Abschaffung er zuvor gegen Achilles in der Kriegsführung durchgesetzt hatte: dem archaischen und ehernen Gesetz der Rache – man kann sagen, ein der demokratischen Partizipation diametral entgegengesetztes Prinzip. Das möchte ich jetzt noch ein wenig vertiefen und dabei erklären, was das eigentlich mit Sprache zu tun.

Ich greife daher kurz auf die Orestie des Aischylos zurück: Im ersten Teil, dem „Agamemnon", herrschte noch eben dieses archaische Gesetz der Blutrache. Agamemnon, der seine Tochter Iphigenie geopfert hatte, um in den Krieg um Troja ziehen zu können, wird nach seiner Rückkehr von seiner Gattin Klytämnestra und deren Geliebten Aigisthos zusammen mit Kassandra, der Tochter des Priamos, ermordet – abgeschlachtet ist wohl der bessere Ausdruck. Heute würde man dieses Drama ganz anders lesen: Die Frau hat einen Liebhaber, der Mann kommt nach zehn Jahren aus dem Krieg nach Hause und bringt seine Geliebte mit – diese Konstellation kann nicht gut gehen. Wir würden also das Motiv in einer persönlichen Entscheidung darüber verankern, dass sich der Lebensentwurf von Klytämnestra dahingehend geändert hat, dass für Agamemnon kein Platz ist – und schon gar nicht für einen Agamemnon, der gleich eine Geliebte mit ins Haus bringt, die außerdem noch über die Sehergabe verfügt. Aus der Sicht der griechischen Mythologie sieht die Interpretation hingegen ganz anders aus: Klytämnestra vollzieht nicht etwa eine persönliche Entscheidung, sondern ein ihr übergeordnetes Gesetz: das der Rache nämlich. Sie vollzieht es auch nicht aus Einsicht, sprich in einer selbst entschiedenen autonomen Unterordnung unter die Gültigkeit des Gesetzes, sondern weil das Gesetz schlicht gilt – das Gesetz wirkt durch sie hindurch. Sie hat überhaupt nicht die Möglichkeit, sich zu entscheiden, ob sie dem Gesetz Folge leistet oder nicht. Das Gesetz ist unausweichlich – wir sprechen in diesem Fall nicht umsonst von einem ‚ehernen' Gesetz. Diese Art von mythischen oder auch archaischen Gesetzen lassen den Menschen keine Spielräume für eigene Entscheidungen; sie sind die Entscheidung, die der Mensch lediglich vollzieht. Genau das passierte, als Klytämnestra Agamemnon ermordete. Denn hier geht es ja nicht nur darum, einen überzähligen und nicht weiter benötigten Gatten loszuwerden, sondern ein bedeutsamer Grund liegt in der vorausgegangenen Opferung der gemeinsamen Tochter Iphigenie durch Agamemnon auf Geheiß der Götter.

Das Ganze wiederum hat seine Vorgeschichte im Kampf der Brüder Atreus und Thyestes um die Vorherrschaft, nämlich darin, das Atreus seinem Bruder Thyestes die Kinder schlachtete und zum Essen vorsetzte. Eine blutige Zeit war das eben. Seitdem ist das Geschlecht des Atreus – die Atriden – verflucht, von jeweils Glied für Glied von der Hand des eigenen Verwandten den Tod zu finden. Und es geht dann weiter: Nach der Ermordung des Vaters vollzieht der Sohn Orest die familiäre Delegation und ermordet seinerseits seine Mutter Klytämnestra und deren Geliebten Ägist. Erst danach kommt es zu einem Bruch der Geschichte – und dieser ist für meine Überlegungen zentral: Orest flieht nämlich vor der Rache des Volkes, das den Muttermord gesühnt sehen will, um das mythische Gesetz zu vollziehen.

Er wird von den Rachegöttinnen – den Eurynien – verfolgt und flieht nach Athen. Und dort wendet sich die Geschichte: Die Göttin Athene bietet den Eurynien an, dass zunächst darüber Gericht gehalten und abzustimmen sei, ob Orest schuldig ist oder nicht. Sie setzt dazu den Areopag ein – das ist der mythische Hintergrund der griechischen Gesetzesgebung. Athene gibt vor: Auch in dem Falle, dass die Abstimmung kein Ergebnis erbringe – sprich patt ausgehe – würden die Eurynien Orest nicht bekommen: Der Beginn des juristischen Prinzips „Im Zweifel für den Angeklagten" ist hier zu erkennen. Die Eurynien willigen einen – und von diesem Punkt an sind sie gezähmt. Denn wenn man genauer hinschaut, ist nicht das Ergebnis der Abstimmung entscheidend, sondern die Tatsache der Abstimmung an sich: Damit nämlich ist das bis dahin eherne Gesetz der Rache gebrochen. Das Gesetz galt eben an sich, und nicht, weil ihm jemand zustimmte. Ein mythisches Gesetz bedarf nicht der Zustimmung des Menschen. Darüber kann somit auch nicht verhandelt werden. Mit dieser Abstimmung also ist die Geschichte in einen Zustand übergegangen, den wir den Vertragszustand nennen können. Es gilt nun nicht mehr das eherne mythische Gesetz, sondern die Entscheidung der Menschen; und diese Entscheidung repräsentiert im Kern das, was wir demokratisch nennen: Sie kommt über eine Diskussion mit einer abschließenden Abstimmung zustande.

Mit der gerichtlichen Entscheidung in Athen ist der Übergang von der mythischen zur geschichtlichen Zeit und damit der Übergang in die Demokratie verbunden. In der geschichtlichen Zeit regiert die Sprache; daher stammt auch die Formulierung des Übergangs vom Mythos zum Logos: Die geschichtliche Zeit zeichnet sich durch Rationalität und Sprache aus. Sprache ist das Prinzip der Rationalität; erst sie bringt Vernünftigkeit in Strukturen, Abläufe, Entscheidungen usw. Die sprachliche Rationalität führt zu einem neuen Geschichtsbild: Geschichte wird vom Menschen gemacht und bestimmt. Seitdem ist Geschichtsschreibung die Rekonstruktion menschlichen Handelns und seiner Folgen. Was wir Geschichte nennen, ist nicht etwa, wie Theodor Lessing es formulierte, wie „Sinngebung des Sinnlosen", sondern ein Nachzeichnen dessen, was die Menschen auf der Welt bewirkt – oder man kann auch sagen: verbrochen – haben. Worauf es mir ankam: zeigen, wie das mythische Gesetz wirkt: durch Unabänderlichkeit, Überzeitlichkeit und Unabhängigkeit von menschlicher Entscheidung oder Einwirkung. Es vollzieht sich, weil es universell gültig ist, und es vollzieht sich durch den Menschen hindurch. Der Mensch – hier die handelnden Personen der Tragödie – ist lediglich eine Art Zombie des archaischen Gesetzes der Götter. Das wiederum ist die persönliche Tragik des Agamemnon. Er selbst wird vom archaischen Gesetz noch einmal eingeholt und erst sein Sohn entkommt diesem aufgrund der Übereignung der sprachlichen Vernunft durch Pallas Athene an die Menschen und die damit verbundene Übergabe der Macht der Götter an die Menschen, über den Fortgang der Geschichte zu bestimmen. Eine grandiose Inszenierung von Geschichte, Vernunft und Sprache bei Aischylos, die erst erklärt, warum wir überhaupt über Partizipation sprechen können: Denn Partizipation setzt die Zueignung des Logos voraus, die Anerkennung, dass der Einzelne Vernunft hat und dass er in der Lage ist, diese im gesellschaftlichen Umgang vernünftig einzusetzen. Damit verbunden ist eine wechselseitige Unterstellung nicht nur von Vernünftigkeit, sondern auch von Bereitschaft, eines Willens sich zu verständigen. Aus empirischen Forschungen zur interkulturellen Kommunikation wissen wir sehr gut, dass wir uns in der Regel allerdings mehr missverstehen als verstehen – doch ohne die grundsätzliche Unterstellung wechselseitiger Bereitschaft zur Verständigung würde die Kommunikation zusammenbrechen oder erst gar nicht stattfinden. Aaron Cicourel nannte das die erste Basisregel der Kommunikation.

Für das zweite Beispiel springe ich einige tausend Jahre weiter, nämlich auf das Jahr 2005 und zwar auf eine Situation, die hier bei uns an der Universität zu Köln stattgefunden hat. Das Beispiel handelt von einer Ordnung zur Feststellung der Sprachfähigkeiten ausländischer Studierenden: der „Deutschen Sprachprüfung für den Hochschulzugang". Diese war und ist im üblichen Verwaltungsdeutsch von Prüfungsordnungen formuliert und wurde überarbeitet. Wir kennen genau diese Situation im Sinne einer gesatzten Ordnung, eines gesatzten Staates, wie es Max Weber formuliert hat, nämlich eines demokratischen Staates, mit dem wir auf Ordnung angewiesen sind – und Prüfungsordnungen sind ein durchaus demokratisches Instrument, das die Rechtslage der Studierenden sicher stellt. Von daher ist in der genannten Kommission stets wichtig gewesen, eine sprachliche Form zu finden, die das Verständnis durch die von solchen Ordnungen Betroffenen ermöglicht. Sie kennen alle das Problem: Prüfungsordnungen müssen auf der einen Seite juristisch abgesichert, ja ‚wasserdicht' sein, auf der anderen Seite sollen sie möglichst verständlich sein. Aus dem Problem kommt man nie mit einer perfekten Lösung heraus. Davon abgesehen war die Diskussion um die Neuordnung der „Deutschen Sprachprüfung für den Hochschulzugang" ein interessantes Beispiel. Ich möchte Ihnen ein kurzes Zitat aus der Ordnung vorstellen, damit der Sprachtypus klar wird:

„§1 Anwendungsbereich (1) Studienbewerberinnen und Studienbewerber, die ihre Studienqualifikation nicht an einer deutschsprachigen

Einrichtung erworben haben, müssen vor Aufnahme des Fachstudiums in einem Studiengang gemäß § 60 Abs. 1 HG nachweisen, dass sie die für ihren Studiengang erforderlichen Kenntnisse der deutschen Sprache gemäß § 49 Abs. 12 HG besitzen. Der Nachweis erfolgt durch das Bestehen der ‚Deutschen Sprachprüfung für den Hochschulzugang' (DSH) und ist spätestens ein Jahr nach Zulassung oder Einschreibung zu führen."

Das war noch einer der einfachen Sätze. Die Diskussion in der Kommission, die mit der Erstellung und Kontrolle solcher Ordnungen prinzipiell befasst ist, ging weitestgehend um die Prüfung juristischer Klauseln auf „Gerichtsfestigkeit", in untergeordneter Perspektive ging es um die Formulierung textsortenspezifischer Kompetenzen wie zum Beispiel:

„Die Aufgabenstellung im Bereich ‚Strukturen' beinhaltet das Erkennen, Verstehen und Anwenden wissenschaftssprachlich relevanter Strukturen. Diese Aufgabenstellung soll die Besonderheiten des zugrundeliegenden Textes zum Gegenstand haben (z. B. in Bezug auf Syntax, Wortbildung, Lexik, Idiomatik, Textsorte) und kann u. a. Ergänzungen, Fragen zum Verstehen komplexer Strukturen sowie verschiedene Arten von Umformungen (Paraphrasierung, Transformation) beinhalten. Sie soll vom Umfang 25 % dieser Teilprüfung umfassen."

Am Schluss der Beratung stellte ich die Frage, inwieweit es sinnvoll sei, in eine Ordnung, die die oder den zu Prüfende/n darüber informieren soll, wie die Prüfung abläuft und nach welchen Kriterien der gesamte Prüfungsablauf geregelt ist, ein (administrations-)sprachliches Niveau einzubauen, dessen Verständnis weit mehr als auch nur diejenigen sprachlichen Fähigkeiten und Kompetenzen voraussetzt, die über die genannte Prüfungsordnung geregelt werden. Oder andersherum: Was eine Prüfungsordnung für eine Sprachprüfung für eine Bedeutung haben könne, wenn sie so formuliert sei, dass die Adressaten sie überhaupt nicht verstehen könnten. Daraufhin entspann sich eine kleine Diskussion: Ein Kollege, der dafür bekannt war, bei allen anderen Prüfungs- und Studienordnungen insistierend darauf zu pochen, dass diese für die Studierenden verständlich sein müssen, entgegnete in kühlem Ton, es sei doch wohl selbstverständlich zu erwarten, dass jemand, der in Deutschland studieren wolle, die Sprache bereits vorher lerne. Ich habe als Entgegnung darauf hingewiesen, dass in einem solchen Fall, dass die Bewerber/innen die deutsche Sprache bereits vor der Antragstellung erworben hätten, die gesamte Ordnung wie auch das Angebot von speziellen Sprachkursen für Studierende aus dem Ausland genaugenommen obsolet seien – das wurde aber nicht gehört; die Ordnung wurde mit Mehrheit angenommen, und die Sitzung war beendet.

Was mich in dieser Situation erschreckt hat, war die Tatsache, wie schnell sich aus der Überlegung, dass ein Text, der eine Sprachprüfung ordnen soll, verständlich sein müsse, einen migrationspolitischen Diskurs entspann, in dem die Selbstverständlichkeit, die deutsche Sprache vor Betreten des Landes zu beherrschen, in einem ausschließlich mit AkademikeaInnen besetzten Hochschulgremium weitgehend außer Zweifel stand – und zwar eine Beherrschung auf einem nicht nur bildungssprachlichem, sondern sogar dem fachsprachlichen Niveau einer Prüfungsordnung. Die zugehörigen Hinweise auf die Heiratsmigration insbesondere türkischer Frauen, die dann eben auch kein Wort Deutsch sprächen, stellten sich im Übrigen unmittelbar ein. Hier wurde mit zweierlei Maß gemessen: Gilt für die deutschen Studierenden die Verständlichkeit ihrer Studienordnungen als ein zentrales Kriterium deren Güte und Abstimmungsfähigkeit, so scheint es kein Problem zu sein, wenn auslän- dische Studierende die Ordnung der für sie zentralen Prüfung – diese entscheidet nämlich darüber, ob sie weiter studieren können oder nicht – gar nicht verstehen können. In der Interkulturellen Pädagogik sprechen wir bei solchen Phänomenen von „institutioneller Diskriminierung".

Bereits in den fünfziger Jahren wurden Migranten und ihre Familien von Seiten der UNO als "the most vulnerable social persons" bezeichnet. Ihre Verletzlichkeit gründet in unsicheren rechtlichen Bedingungen des Aufenthalts, dem Mangel an ökonomischem und kulturellem Kapital, der geringeren sozialen Absicherung, Ungleichheiten der gesellschaftlichen Partizipation usw. (auch Agamemnon kam als Migrant nach Mykene zurück.) Hinzu kommen Erfahrungen von Ausgrenzung und Diskriminierung, Ablehnung durch die einheimische Bevölkerung oder stigmatisierende Etikettierungen. Mit dem italienischen Philosophen Giorgio Agamben lässt sich von einem Leben im „Ausnahmezustand" sprechen. Man muss sich an eine Ordnung halten, die man nicht verstehen kann. Es handelt sich um einen Zustand, der die Betroffenen im Status von unmündigen und nicht- partizipatonsberechtigen Kindern hält; für Menschen, die in einem fremden Land ankommen, ist es ein zunächst sprachloser Zustand. Und ein sprachloser Zustand ist per se auch ein rechtloser Zustand – zumindest seit Athenes Einrichtung des Areopags. Das Verfügen über die Sprache aber ist die Voraussetzung für gesellschaftliche Partizipation und demokratische Teilhabe. Bereits bei Aristoteles kann man finden, dass das nackte Leben (zōé) durch die Sprache zur politischen Existenz (bíos) übergeht (vgl. Agamben2002, S. 187; 2004, S. 14); erst durch die Sprache gewinnt das Leben bezie-hungsweise der Mensch Souveränität: Mit der politischen Handlungsfähigkeit wird die Stimme (phōné) zur Sprache (lógos) (vgl. Agamben 2002, S. 17). Aus diesem Grund ist der Spracherwerb ein hohes Gut – und wir messen ihm durch die Vielzahl von Maßnahmen in diesem Bereich eine entsprechend hohe Bedeutung zu.

Sprache ist die Matrix, in der alles und durch die alles geschieht. Die Welt ist eine sprachliche, ja zu großen Teilen schriftliche – aus diesem Grunde hat ja auch der Ausdruck „Bildungssprache" in den letzten Jahren Prominenz im Kontext sprachlicher Bildung gewonnen (vgl. Gogolin et al. 2011). An dieser Stelle sind wir uns wohl alle ziemlich einig. Wir können feststellen, dass es sich um ein bereits altes Wissen handelt – deutlich weiter zurück als moderne Formulierungen z. B. bei Jürgen Habermas und Max Scheler: So unterschied Aristoteles, wie bereits genannt, zwischen animalischer Stimme (phōné) und rationaler Sprache (lógos). Dieses begriffliche Zusammenfallen von Sprache und Vernunft im griechischen „lógos" ist kein Zufall, sondern markiert die besondere Strukturiertheit der Sprache als einer von Bildung Durchzogenen: sprachliche Bedeutung kommt nach Aristoteles dadurch zustande, dass die Stimme eine Verbindung mit den „pathémata" in der Seele und den äußeren Dingen einhergeht. In späteren Zeiten nannte man das Phänomen die Referenz des sprachlichen Zeichens auf das jeweils Bezeichnete. Bei Aristoteles wie auch anderen antiken Grammatikern lässt sich nun ein Sprachverständnis abgrenzen, das die menschliche Sprache – im Sinne des Souveränität verleihenden „lógos" – im Gegensatz zur an den Körper gebundenen Stimme als eine durch Schriftlichkeit strukturierte Sprache auffasst: die artikulatorisch gegliederte Stimme (phōné énarthros) ist letztlich die schreibbare und immer schon geschriebene Sprache: „phōné engrámmatos" (vgl. Agamben 2004, S. 14). Das schriftliche Zeichen „grámma", ist also das entscheidende dritte Element, das den Laut und das Bezeichnete verbindend die Stimme zur souveränen und vernünftigen Sprache erhebt.

Von Aristoteles können wir mitnehmen, dass die handlungsmächtige Sprache schriftlicher Partizipation nicht nur aus Zeichen und Bezeichnetem besteht, sondern wesentlich auch über die animalische Stimme bestimmt ist – das ‚Laute' des Menschen. Literalität steht im Kontinuum von Mündlichkeit und Schriftlichkeit und dessen wechselseitiger Durchdringung, wofür die Romanisten Koch und Österreicher den treffenden Ausdruck „konzeptionelle Schriftlichkeit" geprägt haben, um auf diese Weise die Durchzeichnung der gesprochenen Bildungssprache durch die Schriftförmigkeit zum Ausdruck zu bringen. Darum geht es bei der Literalität: um eine derartig ins Handeln führende Sprache, die in der heutigen Welt stark mit ihrer schriftlichen Version imprägniert ist.

Partizipation ermöglichen heißt daher, die Bildung in und mit dieser Sprachform anzubieten und zu ermöglichen. Denn diese ist es, die über Zugehörigkeit entscheidet. Damit sind zwei Ebenen angesprochen: die politische und die didaktische. So gesehen ist es auffällig, wenn eine staatliche Institution wie das Bundesamt für Migration und Flüchtlinge – eine Institution, die ja durchaus auch viel Kritik einstecken muss für z. B. den Umgang mit Flüchtlingen –genau auf dieser Ebene weiter arbeitet. Von dort aus wurde eine Konzeption bildungssprachlicher Kurse genau für diejenigen Menschen angeboten, die über das sprachliche Bildungskapital nicht verfügen, damit sie genau auf dieser Ebene ihre Sprachkompetenzen erwerben und ausbauen können. Das Material wird in Kürze veröffentlicht.

Es geht also heute um eine starke Verknüpfung sogenannter technischer Kompetenzen („Kulturtechniken") im Sinne des älteren Verständnisses von Alphabetisierung mit allgemeinen demokratischen Anteilen, ihre Funktion für die Ausbildung von Literalität im Kontext von Partizipation. Ich will deshalb mit einem kurzen Zitat von Agamben enden, das meine Überlegungen vielleicht noch mal auf den Punkt bringt: „Die Sprache als das bewusste, geschichtliche Eingedenken ist nur die Verzweiflung, die uns überkommt angesichts der Schwierigkeit der Überlieferung. Indem sie glauben, eine Sprache weiterzugeben, leihen die Menschen in Wirklichkeit einander eine Stimme, und indem sie sprechen, geben sie sich ohne Rückhalt der Gerechtigkeit preis" (Agamben 2003, S. 72).

Die Gerechtigkeit ist eben das, worum es im Staat geht, wo das Demokratieprinzip eingreifen muss. In diesem Sinne wünsche ich der Veranstaltung viel Erfolg und hoffe, dass Sie einen schönen Tag mit fruchtbaren Diskussionen haben werden.

Literatur

Agamben, Giorgio (2003): Idee der Prosa. Aus dem Italienischen von Dagmar Leupold und Clemens-Carl Härle. Mit einem Nachwort von Reimar Klein. Frankfurt am Main: Suhrkamp.

Agamben, Giorgio (2004): Kindheit und Geschichte. Zerstörung der Erfahrung und Ursprung der Ge-schichte. Frankfurt am Main: Suhrkamp.

Agamben, Giorgio (2002): Homo sacer. Die Souveränität und das nackte Leben. Frankfurt am Main: edition suhrkamp.

Cicourel, Aaron V. (1973): Basisregeln und normative Regeln. In: Ders.: Alltagswissen, Interaktion und gesellschaftliche Wirklichkeit. Reinbek bei Hamburg: Rowohlt, S. 147–188.

Gogolin, I., Dirim, I., Klinger, T., Lange, I., Lengyel, D., Michel, U. et al. (2011): Förderung von Kin-dern und Jugendlichen mit Migrationshintergrund FörMig. Bilanz und Perspektiven eines Modellprogramms. Münster: Waxmann.

Habermas, Jürgen (1977): Umgangssprache, Wissenschaftssprache, Bildungssprache. In: Max-Planck-Gesellschaft (Hrsg.): Jahrbuch 1977. Göttingen, S. 36–51.

Lessing, Theodor (1919/1983): Geschichte als Sinngebung des Sinnlosen. Neuausgabe. München: Matthes & Seitz.

Scheler, Max (1947): Bildung und Wissen. 3. durchgeseh. Aufl., Frankfurt am Main: Schulte-Bulmke.

Weber, Max (2004): Wirtschaft und Gesellschaft. In: Gesammelte Werke. Berlin: Directmedia 2004. (= Digitale Bibliothek, Band 58.)

Einführung in die Tagung

*Professor Dr. Klaus Künzel,
Institut für Bildungsphilosophie,
Anthropologie und Pädagogik der
Lebensspanne an der Universität zu Köln*

Ladies and gentlemen, it is my pleasure to welcome you to our international conference on literacy and participation. The title we have chosen is one which I believe is not only of contemporary academic interest but which reflects a growing concern about the social and human costs of educational deprivation and exclusion. Although our meeting's main attention will be focussed on whether basic standards of reading and writing are indispensible requirements for democratic participation, its wider social implications should not be overlooked.

Generally speaking, the relationship between literacy and individual abilities to care about and take part in public affairs is characterized by the human capacity to apply – and profit from – basic techniques of communication. Expressive skills such as rhetorics and the art of wording can be regarded as indispensible ingredients of interactive competence, and no person seems to be more dependent on its refinement and situational appropriateness than the professional politician. Such qualities are by and large conditioned by the strategic objectives of the spoken word as it is directed towards and received by public audiences. But is the welfare and strength of democratic orders sufficiently provided for by political mechanisms which are primarily founded in the tradition of oral interaction? I think not.

My scepticism is founded on at least two observations. First: Political communication designed to address a community of listeners relies on the emotional poperties of their delivery and aim at the immediate impact of their messages. Talk shows and televised political debates would fail to realise their dramaturgical potential if they did not expose their audiences to spontaneous outbursts of political polemics and excitement. Yet by cultivating its discourses according to principles and standards of public entertainment, political communication deteriorates into a media spectacle, as Colin Crouch has argued, employing its manipulative potential to disguise the fact that political decisions and matters of fundamental public relevance are dealt with in the inner circles of economic and party political elites.

My second point is that the realisation of political commitment via a display of oratorical properties is by no means unconditional but rests upon the foundations of linguistic and literary competence. Being able to take part in democratic procedures and to act politically when it matters may at times require the sagacity and courage of situated verbal involvement, but participation can hardly materialize if the cultural tools for interpreting the world and act upon it have not been acquired. Participation in a civil society calls for a great many literacies. They respond to different challenges and routines of our lives, but their common denominator is the concept of understanding, and here we enter educational grounds.

If we suggest for a moment that democratic participation is not a gift handed down to us from the state but a civil responsibility to develop and defend a chosen political order, then clearly everybody is entitled and, indeed, obliged to join in that task. As I have just pointed out there are no short cuts to participation, and to treat the pursuit of political interests as an occasional tribute to popular entertainment or electoral routines is clearly no option. If we further assume that citizenship is a socially constructed form of human existence into which no one is born by an act of nature but which needs to be achieved by socialisation and individual commitment, the need to obtain participatory skills is only a logical consequence. „In a republican order of government" writes Montesquieu, „one is fundamentally dependent upon the powers of education". Democracy, then, not only requires the education of its citizen but is an educational process in its own right.

This conference is about being able to take part in creating and representing a political order based on learning and understanding. Just as learning knows no ending, understanding, too, is always unfinished business. Being literate therefore means to be able to direct and support one's understanding of the world by using not only different tools of perception but above all adequate means of making sense. We know from our own experience how trying these efforts can be when they are confronted not only with linguistic barriers but when sociocultural premisses come to bear which we are not accustomed to. Taking participation seriously and acting in favour of its political implementation means that unlimited access to learning must be provided, above all in its most fundamental form and application. Without the ability to decode texts and meanings communication is confined to oral exchanges, the ressources for understanding the world are limited and the prospects of participation bleakened.

At this point we should perhaps remind ourselves that at the beginning of what we call ‚modern age' the idea of enlightenment originated in the encyclopedic endeavour to represent and embrace the world's knowledge in printed form. The educational significance of this encyclopedic turn is manifold: 1. it prepares the ground for the secularisation of teaching and curricular systems, 2. by spelling out the scientific and material motives of social and economic transformation it marks the transition from the Ancien Régime to civil society, 3. educational progress is firmly linked to the political concept of emancipation through knowledge, and 4. in order to fill out the status of citizenship he – and later she – must be literate. Enlightenment, we may conclude, was and still is a political process of helping people to develop as many ‚literacies' as they need for understanding and acting in the world when and whereever it matters.

Ladies and gentlemen, before I am going to introduce you to our panel of speakers, let me briefly sketch the limitations of today's meeting. First of all, we should not imply that we know a lot about the political habits and behaviour of functional illiterates. There is, however, some empirical evidence to suggest that people with reading and writing difficulties are reluctant to participate in political debates or engagements, because they feel unable to argue and support their views rather than not having any. Furthermore, the conference cannot not do justice to the social, biographic and statistical composition of basic education clientels. Democratic participation should be regarded as a human right independent of administrative or educational catagories. Yet how participation is being realised and by which means political convictions can be articulated and transferred into action is a question closely related to the degree of civil liberties learners have experienced in their countries of origin. Likewise, the legal status of migrants coming to this country determines to a great extent the scope and nature of their political inclinations.

With these conceptual restraints in mind, I should now like to hand over to our speakers who intend to stimulate and lead our discussions from different angles and theoretical positions.

Referenten

Dr. Jens Korfkamp, *Sozialwissenschaftler und Leiter der Verbandsvolkshochschule Rheinberg (Rheinland)*

Literalität und politische Partizipation. Aktuelle Entwicklungen und Konsequenzen für die Grundbildungsarbeit

„*One of the paper's intentions is to stress the importance of interdisciplinary dialogues between the protagonists of political education and adult literacy campaigners*".

Professorin Dr. Sara Fürstenau und Imke Lange, *Arbeitsstelle Interkulturelle Pädagogik an der Westfälischen Wilhelms-Universtität Münster*

Mehrsprachigkeit, Bildungssprache und gesellschaftliche Partizipation

„Being able to understand academic language and furthermore to make use of it can be the key to participate in society".

Professorin Mary Hamilton, Ph. D., *Professor of Adult Learning and Literacy, Lancaster University, England.*

Literacy and Civil Society: A Perspective on policy, theory and practice in the UK

„There is some recent survey evidence from the UK showing that those with more limited literacy participate less in formal politics and in voluntary community groups".

Professor Dr. Grigory Klyucharev, *Institute of Sociology, Russian Academy of Science, Moscow.*

Social and political participation in democracy building: The role of literacy programs and educational reform in Russia

„*The spectrum of political sympathies and civic engagement is directly related to the behaviour in the field of education*".

„*In Russia, the existence of democracy is for many still not obvious, in part because the idealistic image of democracy (...) broke with the actual practice of social transformation*".

Professorin Dr. Bettina Zurstrassen, *Fachdidaktik der Sozialwissenschaften, an der Ruhr-Universität Bochum*

Ist Lesekompetenz eine Aufgabe für die politisch-demokratische Bildung?

„*The lecture strives to engage in a didactic-theoretical reflection on the concept of ‚political literacy'*".

Literalität und politische Partizipation. Aktuelle Entwicklungen und Konsequenzen für die Grundbildungsarbeit

Dr. Jens Korfkamp,
Sozialwissenschaftler und Leiter der
Verbandsvolkshochschule Rheinberg (Rheinland)

Fast zehn Jahre ist es her, dass die Vereinten Nationen über die UNESCO das Jahrzehnt von 2003 bis 2012 zur Dekade der Alphabetisierung und Grundbildung deklarierten. Die Dekade ist als eine Initiative mit dem Ziel verfasst, Konzepte und Projekte zu entwickeln, die den Analphabetismus bei Erwachsenen bis zum Ende dieser Weltdekade um die Hälfte reduzieren. Das Bundesministerium für Bildung und Forschung (BMBF) hat in diesem Rahmen von 2007 bis 2012 das Förderprogramm „Forschung und Entwicklung zur Alphabetisierung und Grundbildung Erwachsener" aufgelegt. Inzwischen sind die über 100 geförderten Entwicklungs- und Forschungsvorhaben abgeschlossen und es liegen erstmalig grundlegende Forschungsergebnisse zur deutschen Situation vor. So weist z. B. die „leo. – Level-One Studie" nach, dass mehr als 14 % der erwerbsfähigen Bevölkerung zu den so genannten funktionalen Analphabeten gehören, die auf Grund ihrer begrenzten schriftsprachlichen Kompetenzen nicht in der Lage sind, am gesellschaftlichen Leben in angemessener Form teilzuhaben. Das betrifft ca. 7,5 Millionen Erwachsene in Deutschland (vgl. Grotlüschen/Riekmann 2011). In meinem Beitrag werde ich aber nicht näher auf diese zugegebenermaßen beträchtliche Zahl von funktionalen Analphabeten eingehen, sondern aus der Perspektive eines gelernten Politikwissenschaftlers, der seit über 20 Jahren im Bereich der Erwachsenenalphabetisierung und Grundbildung tätig ist, den Aspekt der gesellschaftlichen Teilhabe beispielhaft am komplexen Zusammenhang von Literalität und politischer Partizipation erörtern.

Dafür stelle ich zuerst einige grundlegende Ausführungen zum Begriff der Teilhabe vor, die darüber hinaus verdeutlichen, wie randständig das Thema politischer Teilhabe nicht nur in der Grundbildungforschung und -praxis behandelt wird (1). Im zweiten Schritt gehe ich auf aktuelle Entwicklungen und neue Erkenntnisse in der deutschsprachigen Erwachsenenalphabetisierung und Grundbildung ein. Im Mittelpunkt stehen dabei zwei aktuelle Entwicklungen, die in gewisser Hinsicht einen Wendepunkt in der deutschsprachigen Diskussion über Partizipationschancen und -behinderungen funktionaler Analphabeten markieren (2).

Zum einen ist die o.g. leo.-Studie zu nennen. Ihre empirischen Befunde zum Zusammenhang von Literalität und Teilhabe am Erwerbsleben erlauben eine neue und differenziertere Einschätzung der sozialen Lage von Menschen mit geringer Lese- und Schreibkompetenz. Im Hinblick auf die Voraussetzungen für Partizipation und Inklusion werden auch ausgewählte Ergebnisse anderer Studien (hier: Interdependenzstudie und SYLBE) skizziert. Zum anderen setzt in jüngster Zeit in der deutschen Erwachsenenalphabetisierung allmählich eine Rezeption des Konzepts von ‚Literalität als soziale Praxis' ein. Auch dieser im englischsprachigen Raum schon seit längerem diskutierte theoriegeleitete Ansatz zum Analphabetismus lässt die lebensweltliche und politische Integration hierzulande in einem anderen Licht erscheinen. Im Anschluss daran, setzen – unter ideengeschichtlichen und demokratietheoretischen Aspekten – kontroverse Betrachtungen zur politischen Partizipation an (3). Diese sollen vor allem aufzeigen, wie voraussetzungsvoll das idealtypische Modell des ‚aktiven Bürgers' in einer zunehmend komplexer werdenden modernen Demokratie ist. Insbesondere die normative Idee einer Bürger- und Zivilgesellschaft stellt neben der Bereitschaft zur Mitwirkung nicht unerhebliche Ansprüche an das Qualifikationsprofil der Beteiligten. Angesichts der Tatsache, dass diese bürgerschaftlichen Kompetenzen deutlich über die Fähigkeit des Lesens und Schreibens an sich hinausgehen und wesentlich auf soziokulturellen Grundfähigkeiten basieren, stellt sich in Abkehr von einer individualisierten Sichtweise auf die Betroffenen die grundsätzliche Frage, ob und inwieweit Lese- und Schreibkurse überhaupt als Zugangsmöglichkeit zu einer eigenständigen politischen Teilhabe betrachtet werden können.

1. Zum Begriff der Teilhabe

Seit Beginn dieses Jahrhunderts beschäftigt Politiker wie Sozialwissenschafter die Frage, wer in unserer Gesellschaft dazu gehört und wer nicht, in einer neuen Weise. Nicht mehr allein die materielle Lage, die Aspekte einer Grundversorgung (die klassische soziale Frage) sind es, die als Kriterien für soziale Exklusion und Randständigkeit gelten. Neue Formen von Armut werden sichtbar und als Indizien von Ausgrenzung erkennbar. Neben der räumlichen Isolation in heruntergekommenen Wohnquartieren zeigen sich Formen neuer Armut z. B. in Gestalt von Ernährungsgewohnheiten und Körpermalen, im Konsumverhalten und nicht zuletzt unübersehbar als Bildungsarmut. Vielen der „Ausgeschlossenen" (H. Bude), „Überflüssigen" (R. Castel) und „Ausgegrenzten der Moderne" (Z. Bauman) mangelt es nicht nur an Einkommen, sondern bereits an der Chance, dieses aus eigener Kraft langfristig zu erlangen. Denn ihre Grundbildung reicht nicht aus, um dauerhaft den Ansprüchen einer qualifizierten Arbeit gerecht zu werden. Diese Gruppe hat überhaupt keine Chance mehr an den Distributionskämpfen in der Gesellschaft teilzunehmen. Ihr Drama rührt daher, dass es auf Grund der neuen Anforderungen aufgrund von Wettbewerb und Konkurrenz, des Rückgangs der Beschäftigungsmöglichkeiten anscheinend keinen Platz mehr für alle in der Gesellschaft gibt. Bezug nehmend auf PISA-Untersuchungen spricht der Soziologe Heinz Bude in diesem Zusammenhang von einer „Risikogruppe", deren Leseverständnis, mathematische, naturwissenschaftliche und fächerübergreifende geistige Fähigkeiten „nicht einmal die erste von fünf Kompetenzstufen erreicht." Dies sei mit funktionalem Analphabetismus gleichzusetzen, „der es einem vielleicht erlaubt durchzukommen, aber doch niemals weiterzukommen" (2008: 95). Eine befriedigende Lebensführung sowie eine aktive Teilhabe am gesellschaftlichen Leben sind damit nicht (mehr) möglich.

Und das hat weit reichende Folgen, denn gerade die aktive Teilhabe bzw. die Beteiligung ihrer Mitglieder an Entscheidungs- und Willensbildungsprozessen gilt in demokratischen Gesellschaften als ein wesentliches Element sowohl zur Aufrechterhaltung als auch zur Weiterentwicklung des Gemeinwesens und seiner jeweiligen sozialen Ordnung. In der Soziologie wird soziale Teilhabe als symbolische (Status) oder organisatorische Zurechnung (Partizipation) einer Person oder Gruppe zu einem positiv bewerteten sozialen Gebilde und daraus folgenden Rechte definiert. Dabei geht der Begriff der Teilhabe weit über Formen politischer Partizipation (z. B. Ausübung des Wahlrechts) hinaus und umfasst auch persönliche und soziale Bürgerrechte, so z. B. den Zugang zum Arbeitsmarkt, zu Bildung, Kultur, Medien und Gesundheit. Zugleich ist Teilhabe voraussetzungsvoll: Auf der gesellschaftlichen und staatlichen Ebene müssen entsprechende Strukturen und Optionen vorhanden sein (Grundrechte, Werteordnung), die Bürger müssen aber auch in der Lage sein, diese Optionen zu nutzen. Hierzu reicht nicht nur der Wille des Einzelnen aus, sondern es bedarf auch bestimmter Ressourcen, Kompetenzen und Fähigkeiten, die über die gesamte Lebensspanne hinweg angeeignet und weiterentwickelt, mithin über Erziehungs- und Bildungsprozesse gesteuert werden. Aus dieser eher normativen Perspektive lässt sich Teilhabe, so Birte Egloff (2010: 203), als eine Art „Kitt" interpretieren, der eine Gesellschaft zusammenhält. Eine essentielle Grundvoraussetzung für die Teilhabe an den heutigen Informations- und Wissensgesellschaften ist Bildung und somit ist Bildung ein wesentlicher Bestandteil des „Kitts". Dementsprechend nimmt das Bildungssystem in der Diskussion um Teilhabe und Exklusion eine exponierte Stellung ein, da hier den sozialen Akteuren die notwendigen Voraussetzungen für die Teilhabe an allen anderen Systemen bereitgestellt werden sollen. Aber die aktuell starke Präsenz im politischen Bildungsdiskurs verweist auf erhebliche gesellschaftliche Veränderungen und einen Wechsel der Problemlagen, die die Aufgaben und Ziele von Weiterbildung direkt betreffen. Weiterbildung muss, so eine Ansicht, „ihre Positionen neu bestimmen, wenn sie an dem alten Ziel festhalten will, gesellschaftliche Teilhabemöglichkeiten durch Bildung zu erweitern" (Kronauer 2010: 16).

Was diese Aussage für das Konzept einer politischen Grundbildung bzw. Literalität bedeutet, wird im Folgenden noch erörtert. Doch zuvor möchte ich auf Formen sozialer Ausgrenzung und ihre Bedeutung für die Betroffenen eingehen.

In der internationalen Forschung besteht laut Kronauer (1997: 38–43) ein weitgehender Konsens hinsichtlich der zentralen Dimensionen, in denen sich soziale Ausgrenzung manifestiert. Hier eine kursorische Darstellung der Dimensionen:

- Ausgrenzung am Arbeitsmarkt liegt dann vor, wenn die Rückkehr oder der Eintritt in reguläre Erwerbsarbeit dauerhaft versperrt ist.
- Ökonomische Ausgrenzung schlägt sich im Verlust der Fähigkeit nieder, innerhalb des regulären Erwerbssystems für den eigenen Lebensunterhalt aufzukommen.
- Kulturelle Ausgrenzung zeigt sich darin, von der Möglichkeit abgeschnitten zu sein, den gesellschaftlich anerkannten Verhaltensmustern, Lebenszielen und Werten entsprechend zu leben.
- Ausgrenzung durch gesellschaftliche Isolation kann in zwei Richtungen gehen: 1. in eine weitgehende Reduzierung der Sozialkontakte (Vereinzelung) oder 2. in Richtung einer Gruppen- und Milieubildung.
- Räumliche Ausgrenzung entspricht einer Konzentration auf bestimmte Stadtviertel und der damit verbundenen kurzen Reichweite der Sozialkontakte.
- Institutionelle Ausgrenzung zeigt sich in Schule und Ausbildungseinrichtungen als Weichensteller an der Grenze zwischen „innen" und „außen" sowie den Institutionen der Verwaltung von Arbeitslosigkeit und Armut.

Obwohl Kronauer ausdrücklich darauf hinweist, dass sich „Inklusion" auf unterschiedliche Dimensionen des gesellschaftlichen Lebens erstreckt und ökonomische, kulturelle, soziale und politische Teilhabe einschließt, ist es auffällig, dass in seiner Aufzählung von neuen Formen der gesellschaftlichen Spaltung die Dimension der politischen Ausgrenzung gänzlich unerwähnt bleibt. Ein Phänomen, das bis auf wenige Ausnahmen (vgl. Korfkamp/Steuten 2004) auch seit vielen Jahren im Grundbildungsdiskurs zu beobachten ist. Dieser fokussiert in erster Linie den Verlust des Arbeitsplatzes oder fehlende Einstiegsmöglichkeiten in die Arbeitswelt (vgl. Klein 2009).

Zusammenfassend lässt sich festhalten, dass die Formation der „Entbehrlichen" sich von allen anderen Schichten und Klassen durch das Merkmal der Negativität unterscheidet. Identität konstituiert sich in dieser Formation nicht positiv durch ökonomisches, soziales oder kulturelles Kapital, sondern wird von „außen", als Stigma, zugeschrieben oder ist in ihren positiven Zügen äußerst labil, gebrochen durch die Erfahrung des Verlusts (vgl. Kronauer 1997: 46). Eine Beschreibung, die als nicht hinterfragtes statisches Klischee über Jahrzehnte auch allzu selbstverständlich die Diskussionen in der Erwachsenenalphabetisierung prägte. Anhand neuer Erkenntnisse möchte ich dieses Bild mit Blick auf Partizipationschancen und -behinderungen funktionaler Analphabeten auf den Prüfstand stellen.

2. Neue Erkenntnisse: das Bild vom funktionalen Analphabeten wandelt sich

Zwei aktuelle Entwicklungen markieren meines Erachtens einen Wendepunkt in der deutschsprachigen Diskussion über Partizipationschancen und -behinderungen funktionaler Analphabeten. Zum einen eröffnet die „leo. – Level-One Studie" mit ihren weitergehenden empirischen Befunden die Möglichkeit einer neuen Einschätzung der sozialen Lage von Menschen mit geringen Lese- und Schreibkompetenzen. Zum anderen setzt in jüngerer Zeit in der deutschen Erwachsenenalphabetisierung allmählich eine breitere Rezeption eines Konzeptes ein, das ‚Literalität als soziale Praxis' versteht. Auch dieser im englischsprachigen Raum schon seit längerem diskutierte theoriegeleitete Ansatz zur Erforschung literaler Praxen lässt die lebensweltliche Integration hierzulande in einem anderen Licht erscheinen.

2.1 Die empirischen Befunde der leo.–Level-One Studie

Mit der Veröffentlichung der „leo.– Level-One Studie" scheint eine Neubewertung der Partizipationsmöglichkeiten notwendig zu sein. Die Auswertung der Studie hat Befunde hervorgebracht, die das gängige Bild des überwiegend von sozialer und arbeitsweltlicher Teilhabe ausgeschlossenen funktionalen Analphabeten nur bedingt verifizieren und somit wesentlich zu einer Entdramatisierung des Diskurses beitragen. Ein unerwarteter Befund dieser Studie betrifft den Zusammenhang von Literalität und Teilhabe am Erwerbsleben (beruflicher Status). Mehr als die Hälfte der Befragten (knapp 57 %) sind erwerbstätig. Mit Hinzurechnung von Hausfrauen/-männern, Menschen in Elternzeit, Auszubildenden und Rentnern sind etwas mehr als 80 % nicht arbeitslos (vgl. Grotlüschen/Riekmann 2011). Ein Ergebnis, das sich weitgehend mit den in Frankreich ermittelten

Werten deckt und auch durchaus meinen subjektiven Eindrücken aus vielen Beratungsgesprächen entspricht.

Diese Befunde zur Erwerbstätigkeit bestätigen auch zwei weitere Studien. In der repräsentativen Befragung „Erwachsene in Alphabetisierungskursen der Volkshochschulen" ermitteln Rosenbladt/Bilger (2011: 37ff) eine „Beschäftigungsquote von nahezu 50 %". Auch die Längsschnittstudie innerhalb des Teilprojektes „AlphaPanel" der Humboldt-Universität kommt zu einem vergleichbarem Ergebnis (vgl. Maué/Fickler-Stang 2011: 39). Zu beachten ist bei diesen beiden Studien allerdings, dass es sich bei den Befragten um Teilnehmende in Alphabetisierungskursen handelte, die zum Teil in öffentlich geförderten Beschäftigungsmaßnahmen arbeiteten. Des Weiteren muss ebenfalls berücksichtigt werden, dass unter dem Begriff der Erwerbstätigkeit sehr unterschiedliche Beschäftigungsformen subsumiert werden, wie z. B. prekäre, also vorübergehende Aushilfsarbeiten, geringfügige Tätigkeiten (Mini-Jobs), so genannte Ein-Euro-Jobs und „Schwarzarbeit". Trotz dieser Einschränkungen ist der tatsächliche Anteil von erwerbstätigen Menschen mit geringen und geringsten Lese- und Schreibfähigkeiten doch beträchtlich. Somit bleibt auch die Frage virulent, ob in diesem Fall gerechtfertigterweise weiterhin die Rede von ihrer Exklusion aus sozialen und arbeitsweltlichen Bezügen angemessen ist. Im Hinblick auf die Befunde der leo.-Studie dürfte diese Sichtweise meines Erachtens nur mit wesentlichen Einschränkungen aufrechtzuerhalten sein.

In diesem Kontext verdienen weitere Befunde einer empirischen Untersuchung und die daraus resultierenden Überlegungen Beachtung. Sie stammen aus dem Forschungsprojekt SYLBE (Systematisierende Perspektiven auf Lernbarrieren und Lernberatung in Alphakursen), in dem funktionale Analphabeten im Kontext von Alphabetisierungskursen befragt wurden, wie sie ihren neuerlichen Lernversuch von Schriftsprache begründen (vgl. Ludwig/Müller 2011: 119f.). Als theoretischer Bezug der Forschungen des SYLBE-Projektes diente in Anlehnung an Ansätze der Aneignungs- bzw. Anerkennungstheorie (K. Holzkamp; A. Honneth) eine subjektwissenschaftliche Perspektive. Gesellschaftliche Teilhabe wurde im Projekt nicht als pädagogische oder gesellschaftliche Norm verstanden. Dementsprechend war der Ausgangspunkt der Untersuchung, gesellschaftliche Teilhabe nicht im Sinne eines von funktionalen Analphabeten zu erreichenden Ziels zu untersuchen, sondern als eine Bedingung der Möglichkeit von Lernprozessen zu verstehen. Denn erst auf der Basis eines gewissen Maßes von Inkludiertheit in gesellschaftlichen Handlungsfeldern und der Erfahrung von Anerkennung entsteht durch das Erlebnis von (Schriftsprach-) Grenzen der Wunsch nach erweiterten Handlungsmöglichkeiten (vgl. ebd.: 123ff.).

Daraus lässt sich ableiten, dass Teilnehmende in Alphabetisierungskursen in bestimmten Bereichen immer schon gesellschaftliche Teilhabe besitzen und ihre Lernprozesse ganz im Sinne der Lerntheorie von Klaus Holzkamp als eine reflektierte Form sozialen Handelns auf erweiterte Teilhabe zielen. Somit lassen sich funktionale Analphabeten durchaus als ‚mitten im Leben' stehende Menschen beschreiben, die sich ihrer Formen von Teilhabeoptionen bewusst sind und je nach Bedürfnislage ihre Handlungsmöglichkeiten erweitern wollen. Auf der Grundlage ihrer Befragungen entwickelte das SYLBE-Team eine Typologie von fünf Lernbegründungstypen entlang der Dimension ‚Teilhabe': sie treten als Varianten des „teilhabesichernden" oder „teilhabeerweiternden Lernens" (vgl. ebd.: 129ff.) in Erscheinung. In der Praxis können diese Begründungstypen die Lernbegleiter für die Lebenswelt der Lernenden sensibilisieren.

2.2 Literalität als soziale Praxis

Der theoretische Ausgangspunkt im Forschungsansatz des SYLBE-Projektes ist in ähnlicher Form in den in England und Nordamerika bereits Mitte der 1990er Jahre entwickelten Verständnisweisen von Literalität vorzufinden. Allerdings werden diese erst seit wenigen Jahren in Fachkreisen der deutschen Erwachsenenalphabetisierung rezipiert (vgl. Linde 2008) und kontrovers diskutiert (vgl. Egloff u.a. 2011: 17). Der heute im deutschen Sprachraum unter dem Begriff „Literalität als soziale Praxis" diskutierte Ansatz geht auf ethnographische Erhebungen zur Literalität und sprachwissenschaftliche Forschungen von Brian Street (1985) sowie David Barton und Mary Hamilton (1998) zurück. Wesentlich für die Grundannahmen von Street und Anderen ist ein Verständnis von ‚Literalität', das anders als der im deutschsprachigen Raum verbreitete Ansatz des funktionalen Analphabetismus über die technisch neutrale Fokussierung der Kulturtechniken des Lesens und Schreibens hinausgeht. Gegenüber diesem ‚autonomen Modell' der Literalität verstehen Vertreter der ‚New Literacy Studies' Spracherwerb grundsätzlich in Abhängigkeit von jeweils vorherrschenden Macht- und Abhängigkeitsstrukturen, die in den jeweils dominierenden Formen sozialer, kultureller und ökonomischer Praxis zum Ausdruck kommen. Hieraus erwachsen unreflektiert dominante Literalitäten, die zum gesellschaftlichen Maßstab werden, an dem sich auch allgemeine Zuschreibungen und Zielsetzungen ausrichten, das so genannte „ideologische Modell". Alltagspraktiken des Lesens und Schreibens werden somit vom Standpunkt der dominanten Literalität aus gewöhnlich als Formen der Norm-Abweichung betrachtet und negativ sanktioniert. In diesem Verständnis erscheinen sie folglich als weniger ‚berechtigte' literale Praxen. Obwohl sie den Bedürfnissen der Sprecher in der Regel genügen, wird ihnen in vielen institutionalisierten Kontexten die Geltung abgesprochen. So gesehen ist es lediglich „die als ‚richtig' determinierte Art der Literalität, die soziale Teilhabe an und Partizipation in der Gesellschaft ermöglicht" (Hussain 2010: 191; Herv.i.O.). Das zentrale Problem, das Hussain mit ihrer Kritik an einem eindimensionalen Verständnis von Literalität offen legt, besteht jedoch darin zu zeigen, dass ein Diskurs über normierte (autonome) Literalität eben auch ein die Normalität definierender Diskurs ist. Dieser generiert soziale Konstruktionen von Zugehörigkeiten und erschafft damit Inkludierte und Exkludierte. Letztlich gilt dies auch für einen Diskurs, der weiterhin – wenngleich nicht mit ausgrenzender Intention – mit dem Begriff des funktionalen Analphabetismus operiert. Auch er unterstützt (unfreiwillig) die Vormachtstellung eines bestimmten Verständnisses von Literalität, das dazu führt, Lese- und Schreibfähigkeit als Voraussetzung für gesellschaftliche Teilhabe und Inklusion zu sehen (vgl. Zeuner/Pabst 2011: 218f.).

Bemerkenswert sind hier die Ergebnisse der ‚Interdependenzstudie' (Universität Hannover), die vor allem Veränderungen der Alltagsbewältigung durch die Teilnahme an Alphabetisierungskursen untersucht. Die Auswertung der Basis- und Folgebefragung weist aus, dass die Teilnahme an Alphabetisierungskursen eine subjektiv erlebte Sicherheit im Umgang mit Schriftsprache bewirkt, durch die die Teilnehmenden sich persönlich weiterentwickeln und stärker gesellschaftlich partizipieren können. Zugleich wird aber auch deutlich, dass die Teilnehmenden vor allem die (erhöhten) Teilhabemöglichkeiten im Bereich der politischen Partizipation häufig selbst nach längerer Kursteilnahme nicht für sich beanspruchen (vgl. Pape 2011: 16f.). Ein vordergründig paradox anmutendes Ergebnis, das den landläufigen Erwartungen an einen höheren Grad an Beherrschung der Schriftsprache widerspricht und eine nähere Betrachtung verdient. Im Folgenden werden anhand der Gesichtspunkte: ‚Befähigung, Fähigkeit und Befugnis' mögliche Erklärungsansätze für das verhaltene Interesse und Engagement der Teilnehmenden erörtert. Dabei steht insbesondere die Wirkmächtigkeit eines gesellschaftlich konstruierten legitimen Verständnisses von Literalität im Bereich der politischen Partizipation im Fokus der Betrachtungen.

3. Der Homo politicus: Das Idealbild vom aktiven Bürger

Meine Ausführungen zur politischen Literalität beginnen mit einem Exkurs in die griechische Antike, der das politische Denken als Bedingung des Menschseins verdeutlicht. Platon lässt in seinem gleichnamigen Dialog den Sophisten Protagoras hinsichtlich der politischen Befähigung ausführen, dass sie etwas sei, das allen Menschen, nicht bloß einigen Spezialisten zukomme. Um dies zu erläutern, erzählt er jenen Mythos, wonach Epimetheus alle Fähigkeiten und Eignungen an die Tiere gerecht verteilt hat, so dass zuletzt für die Menschen nichts übrig blieb. Weder Fell noch Federkleid, weder Klauen noch Zähne standen zur Verfügung mit denen sie sich hätten schützen können. Wohl hatte Prometheus, um den Fehler seines zerstreuten Bruders wieder gutzumachen, von Hephaistos und Athene die technische Intelligenz mitsamt des zu ihrer Anwendung nötigen Feuers gestohlen. Dieser Diebstahl reichte aber, wie sich bald erwies, zur Selbsterhaltung der Menschen nicht aus. Was fehlte, war neben der technischen Intelligenz die politische Befähigung, welche die Menschen erst in die Lage versetzte, als Bürger eines Gemeinwesens zu handeln. Da erbarmte sich Zeus der Menschen und sandte Hermes, um ihnen auch die politische Befähigung zuteil werden zu lassen. Ob er sie, fragt Hermes, wie im Falle der Heilkunst und der technischen Intelligenz, Einigen zuweisen solle, die dann für die Anderen zu sorgen hätten, oder ob sie Allen zuteil werden solle? Alle sollten sie haben, antwortet Zeus, denn sonst könnten Städte und Staaten auf Dauer nicht bestehen. Politik, so die Aussage des Protagoras-Dialogs, der als mythische Einkleidung einer Demokratietheorie verstanden werden kann, ist keine Spezialistenangelegenheit, keine Sache, die arbeitsteilig organisiert werden kann wie die anderen Fähigkeiten. Politik ist die Sache aller, und wo sie dies nicht ist, da gehen Staaten bald zugrunde (vgl. Münkler 1999: 11f.). Später hat Platon in seiner ‚Politeia' (wörtlich übersetzt die „Lehre von der Polis") dieser demokratischen Grundüberzeugung des Protagoras widersprochen und Politik zur Spezialistensache der Philosophen erklärt. In Form der Frage nach der angemessenen Partizipationsintensität ist diese Debatte nach wie vor in den Kontroversen über und um Demokratie aktuell. Worauf sich aber sowohl Platon wie Protagoras hätten verständigen können, ist, dass alle Bürger eines Staates über grundlegende Kenntnisse und Teilhabemöglichkeiten in ihrem Gemeinwesen verfügen sollten. Die Vermittlung für das Verständnis einer Demokratie, die demokratischen Regelungen und Entscheidungswege einsichtig zu machen und ein Engagement für die Grundwerte der Demokratie zu bewirken, sind zentrale Aufgaben politischer Bildung, denn die Menschen werden nicht als Demokraten geboren, sondern die Demokratie ist, wie der Soziologe Oskar Negt (2010: 13) es formuliert, „die einzige politisch verfasste Gesellschaftsordnung, die gelernt werden muss". Ein Faktum, das sich gegenwärtig in politischen Transformationsprozessen weltweit beobachten lässt. Doch die Wirklichkeit der politischen Partizipation sieht anders aus, wie ein Blick auf die Teilnehmerdaten der politischen Bildung als ein Indikator für Teilhabe zeigt. Es fällt nicht nur auf, dass die Teilnahmequoten relativ gering sind, vielmehr zeigt sich darüber hinaus ein ausgeprägtes Gefälle nach der sozialen Herkunft (vgl. Ciupke 2008). Nach aktuellen Studien spielen sozial Benachteiligte als Zielgruppe fast keine Rolle in der politischen Bildung (vgl. Detjen 2007: 3). Ein Befund, der auch für die Zielgruppe der Analphabeten bestätigt werden kann. Die politische Bildung in Deutschland hat Analphabetismus oder Alphabetisierung noch nicht in dem Maße als Thema entdeckt, wie es wünschenswert und notwendig wäre. Dem hingegen bietet die ‚Österreichische Gesellschaft für Politische Bildung' für Kursleitende in der Erwachsenenalphabetisierung ein Methodentraining „Politische Basisbildung" an, das politische Bildung in die Basisbildung integriert.

Konstatierte der politische Bildner Klaus-Peter Hufer vor einigen Jahren noch „ihre Abstinenz und die völlige Fehlanzeige bei der Suche nach diesem Thema" (Hufer 2005: 8), so gibt es seit kurzem in Deutschland eine erste vorsichtige theoriebezogene Debatte, die sich mit den besonderen Zugängen bildungsferner Milieus zur politischen Bildung auseinandersetzt (vgl. Bremer/Kleemann-Göhring 2010: 13) und zumindest mittelbar, wenn auch noch sehr allgemein und unspezifisch, die Thematik des funktionalen Analphabetismus streift. Weiterhin Bestand hat aber die Aussage von Hufer, dass das Thema in der pädagogischen Realität der politischen Erwachsenenbildung keine signifikante Rolle spielt. Eine vergleichbare Situation ist vice versa hinsichtlich des Stellenwertes politischer Inhalte im Bereich der Grundbildung für Erwachsene zu verorten. Diese richtet sich, im Sinne einer funktionalen (Grund-) Bildung ganz dem neoliberalen Geiste verpflichtet, in den letzten Jahren verstärkt an berufs- und arbeitsweltorientierten Anforderungen (Stichwort: Employability) aus und verdrängt so zunehmend die emanzipatorische Tradition der Alphabetisierung (vgl. Freire 1971). Eine Entwicklung, die sich, dass sei durchaus kritisch angemerkt, auch in der nationalen Strategie zur Verringerung funktionaler Analphabeten und ihren Förderschwerpunkten zeigt. Als neue Initiative des BMBF wird in 2012 ein Programm mit rund 20 Millionen Euro zur arbeitsplatzorientierten Forschung und Entwicklung auf dem Gebiet der Alphabetisierung und Grundbildung starten. In diesem Kontext sucht man das Stichwort „Politische Teilhabe" leider vergeblich! Angesichts der Tatsache, dass der Mensch als ein auf die Gemeinschaft mit anderen hin angelegtes Lebewesen ist und sich in einem ständigen Sozialisations- und Lernprozess weiterentwickelt, irritiert der allenfalls marginale Stellenwert politischer Bildung für funktionale Analphabeten. Dass Menschen, die an Alphabetisierungskursen teilnehmen, das Politische überhaupt als Teilhabebereich definieren, zeigen die Auswertungen von 141 qualitativen Interviews mit deutsch- und fremdsprachigen Teilnehmenden aus

Alphabetisierungskursen im Forschungsprojekt „Beteiligungsförderung und Sozialraumorientierung in der Grundbildung" der Universität Köln, das zum Kölner Verbundprojekt PAGES (Projekt Alphabetisierung und Grundbildung für Erwachsene im Sozialraum) gehörte. Unter den im Projekt definierten elf Teilhabebereichen befindet sich auch der Bereich des „sozialen und staatsbürgerlichen Lebens" als relevante „literale Praxis" (Hamilton).

Aufschlussreich für das Verständnis des oben diagnostizierten Mangels ist eine Betrachtung aktueller Diskurse in der politischen Bildung, die den hohen Stellenwert von Literalität nicht zuletzt auch als Kriterium für Inklusion und Exklusion in diesem Teilhabebereich verdeutlichen. In den Kontroversen des Bürgerschaftsdiskurses und den damit in Verbindung stehenden Tugenddiskursen zeigt sich die „Überforderung, die dem aktiven Bürger von Seiten der politischen Theorie zugemutet wird, [...] v. a. in den Kompetenzerwartungen, die an sein Handeln gestellt werden" (Münkler/Krause 2001, 312). So stellt die normative Idee einer Bürger- und Zivilgesellschaft neben der Bereitschaft zur Partizipation nicht unerhebliche Ansprüche an die Voraussetzungen und Qualifikationen sprich die Fähigkeiten der Beteiligten. Der Politikwissenschaftler Hubertus Buchstein (2002: 17f) definiert bürgerschaftliche Kompetenzen und unterscheidet folgende Aspekte: (1) kognitive Kompetenzen bezüglich des Inhalts politischer Entscheidungen, (2) prozedurale Kompetenzen bezüglich des Verfahrens politischer Entscheidungsfindung und (3) gemeinsinnorientierte und affektiv verankerte habituelle Dispositionen. In demokratischen Systemen von politischer Tugend zu sprechen, hat für Buchstein nur Sinn, wenn die Akteure alle drei Eigenschaften besitzen.

Mit Blick auf die gesellschaftliche Realität und etwaige Aufgabenfelder für die politische Bildung leitet der Politikdidaktiker Peter Massing (1999: 44ff.) aus diesen drei verschiedenen Kompetenzen wiederum drei unterschiedliche Bürgermodelle ab:

- Der Bürger als „reflektierter Zuschauer", der im Wesentlichen über kognitive Kompetenzen verfügt und zumindest soviel Wissen von den Zusammenhängen des politischen Lebens hat, dass er diese Welt nicht als eine fremde, seiner Einsicht entzogene, betrachtet.

- Der Bürger als „Interventionsbürger", der sowohl kognitive als auch prozedurale Kompetenzen aufweist. Seine kognitiven Kompetenzen erlauben es ihm, politische Zusammenhänge und Strukturen zu erfassen. Dadurch ist er in der Lage, sich sehr schnell die notwendigen prozeduralen Kompetenzen anzueignen, um in dem Bereich, in dem er sich engagieren will, handlungsfähig zu sein.
- Und der Bürger als „Aktivbürger", der kognitive, prozedurale und habituelle Kompetenzen vereint und sich auf dieser Grundlage dauerhaft in der Politik engagiert. Er kann allerdings – noch auf dem Boden der geltenden Verfassung stehend – durchaus in Fundamentalopposition zum geltenden politischen System stehen.

Der Vollständigkeit halber sei an dieser Stelle explizit darauf hingewiesen, dass die Gruppe der funktionalen Analphabeten dem Bild eines Idealbürgers, der „wissend, rational, emotional verankert und kritisch, handlungsfähig und engagiert am politischen Leben teil hat" (ebd.) aufgrund fehlender ökonomischer und kultureller Ressourcen nicht genügen kann. Diese Bürgerkompetenzen werden in der politischen Bildung hauptsächlich durch schriftsprachliche Medien und Materialien vermittelt. Durch diese Form der überwiegend literalen Wissensvermittlung sind funktionale Analphabeten von dieser Art der Persönlichkeitsbildung ausgeschlossen. Wenn solche oder ähnliche Qualifikationsprofile oder abstrakte Leitbilder den Maßstab politischer Bildung beschreiben, ist es nicht weiter überraschend, dass die politische Bildung Schwierigkeiten mit bildungsfernen sozialen Milieus hat und in erster Linie die klassische Mittelschicht oder sozial privilegierte Milieus erreicht. In bildungsfernen Milieus liegt die basale politische Kompetenz deutlich unter den von Buchstein formulierten Ebenen von bürgerschaftlichen Kompetenzen. Bedingt durch ihr niedriges Bildungsniveau, das mit einer niedrigen politischen Urteilskompetenz korreliert, sind sie mehrheitlich schon mit einem demokratischen Gemeinwesen überfordert, das sich mit periodischen Wahlen begnügt. Auf der Ebene der Bürgermodelle erreichen nur einige wenige das unterste Niveau als „reflektierter Zuschauer".

In Folge dessen erscheinen funktionale Analphabeten zumeist als vordergründig apolitische Menschen bzw. als desinteressiert an politischen Themen. Sie sehen in ihrer Lebenswelt keinen direkten Bezug zum

Politischen oder fühlen sich durch die Politik nicht ausreichend vertreten. Oftmals verstecken sie ihr latentes, vorreflexives, alltagsweltlich erworbenes Wissen über die politische und soziale Ordnung, das sie nicht in elaborierter Weise ausdrücken können, hinter einem lautstark zum Ausdruck gebrachten generellen Desinteresse: „Politik – das ist nichts für mich". An dieser Stelle vorschnell Politikferne oder Politik/er/verdrossenheit zu konstatieren ist einfach und befreit Theorie und Praxis von relevanteren Fragestellungen, z. B. hinsichtlich der Passung zwischen Sachlogik der Politik und Psychologik dieser Adressatengruppe. Der Soziologe Helmut Bremer interpretiert diese Form der Selbstexklusion als „vorweggenommene Fremdexklusion" (2008: 269), da gerade die Ausdrucksweise der sozial und kulturell benachteiligten Laien im engeren politischen Feld nicht anerkannt wird. In der Öffentlichkeit und in den politischen Massenmedien (Tageszeitungen, Nachrichtensendungen) werden Angelegenheiten des allgemeinen Interesses vorwiegend in der „Bildungssprache" diskutiert, die sich zum einen durch ein hohes Maß an konzeptioneller Schriftlichkeit, zum anderen durch einen Wortschatz, der die Fachsprache mit einbezieht von der Umgangs- oder Alltagssprache unterscheidet (vgl. Habermas 1977: 39). Deshalb ist Desinteresse der benachteiligten Laien hier eher als ein anderer Ausdruck von erfahrener Ohnmacht und mangelnder Anerkennung zu verstehen. Das Lese- und Schreibschwierigkeiten einen Menschen in seiner politischen Beteiligung einschränken können und die Tendenz zur Selbstexklusion befördern, verdeutlicht sehr anschaulich folgender Ausschnitt aus einem Interview mit einem Handwerksmeister: „Und so gibt es viele Sachen, wo man im Grunde auch, wo viele da auch vielleicht hinschreiben würden. Ich komm gar nicht auf die Idee, irgendwie mal was zu schreiben. Bevor ich da was schreib´ und was verkehrt schreib´, dann sagen die sowieso: Der ist sowieso doof, der kann das noch nicht mal schreiben" (aus: Zeuner/Pabst 2011: 217).

Im Umkehrschluss gehen diese Menschen von der Annahme aus, dass erst Lese- und Schreibfähigkeiten zur gesellschaftlichen Teilhabe und Inklusion führen. Sie erlegen sich bewusst Einschränkungen auf oder stellen unbewusst ihr Handeln auf „tatsächliche oder gedachte gesellschaftliche und soziale Erwartungen" ein. Damit wird Literalität „indirekt in unserer Gesellschaft als soziale Praxis gedeutet und nicht ‚nur' als notwendige Kulturtechnik eingeschätzt" (ebd.: 218f.; Herv.i.O.).

In Hinsicht auf den Zusammenhang von Literalität und politischer Partizipation zeigt sich in der sozialen Praxis, dass das Beherrschen grundlegender Lese- und Schreibkompetenzen nur eine notwendige (Minimal-) Bedingung bezeichnet, um sich eine politische Bildung aneignen zu können. Allein die Behebung von Defiziten in der Schriftsprache führt aber weder automatisch zur gesellschaftlichen Inklusion noch befähigt sie zwangsläufig zum demokratischen Handeln. Die ‚selbstverständliche' Annahme, dass literale Kenntnisse eine hinreichende Bedingung für politische Partizipation sind, greift deutlich zu kurz, indem sie die Aspekte des Habitus, der Kulturschranken und sozial produzierter Ängste als Faktoren von (Selbst-)Exklusion sträflich vernachlässigt. Diese These möchte ich im Folgenden etwas ausführlicher veranschaulichen.

Wenn über die Vermittlung von politischer Literalität diskutiert wird, muss diese über die politische Kompetenz als Fähigkeit hinaus auch die Kompetenz im Sinne von Befugnis umfassen. D. h., „dass man sich selbst zutraut und sich legitimiert sieht, sich an Politik im engeren Sinne zu beteiligen, sich dazu zu äußern. [...] Tendenziell gilt: Nur der, dem es gesellschaftlich zusteht, neigt dazu, sich diese Kompetenz anzueignen" (Bremer 2008: 268). Einen Rahmen bietet hierfür die Theorie des französischen Soziologen Pierre Bourdieu. Für ihn ist das ‚politische Feld' ein sozialer Mikrokosmos, mit eigenen Regeln, einer speziellen Sprache und einer eigenen Kultur. In erster Linie steht der Zugang zum politischen Feld den so genannten Experten (Politiker, Journalisten) offen, denen eine politische Autorität zuerkannt wird.

Das praktische politische Wissen der ‚Laien', das mehr Haltung als Bewusstsein ist, wird im engeren politischen Feld nicht anerkannt. Dass Demokratie und der damit verbundene Bürgerstatus durch Ausgrenzung und Zugangsregelungen bestimmt sind, ist übrigens kein Novum der modernen Gesellschaft, sondern lässt sich bis in die Geschichte der antiken griechischen Stadtstaaten (Polis) zurückverfolgen. In seiner Schrift „Strukturwandel der Öffentlichkeit" zeigt Jürgen Habermas z. B. auf, dass es für die

Formierung bürgerlich-liberaler Öffentlichkeit entscheidend war, dass als Privatmann nur Teil des Publikums sein konnte, wer auch als Privateigentümer ökonomisch unabhängig war und eine entsprechende Bildung genossen hatte (vgl. Habermas 1990). Immerhin sei daran erinnert, dass es im politischen Feld neben der gemeinwohlbezogenen Einstellung zentral um die Vertretung und Durchsetzung von Interessen und um das Streben nach Machtanteilen geht. Dementsprechend muss politische Literalität gedacht als eine soziale Praxis auch den Aspekt der Befugnis in der Vermittlung von Handlungskompetenzen berücksichtigen.

Ein Gesichtspunkt der meines Erachtens bei Bourdieus Konstrukt ‚politischer Kompetenz' bestehend aus Fähigkeit und Befugnis fehlt, ist der Topos der ‚Angst'. Schon Franz L. Neumann analysierte 1954 in seiner Studie „Angst und Politik" die demokratiehemmenden Folgen von individuellen Ängsten. „Angst ist nach Neumann innerpsychisch das größte Hindernis für jedwede Form von demokratischer Politik, weil sie die Subjekte daran hindert, die Fähigkeiten zu erlangen und auszuüben, die für eine gemeinsame Willensbildung unverzichtbar sind: Weder das Vermögen, sich in die Lebenssituation der anderen Bürgerinnen und Bürger hineinzuversetzen, noch die Fähigkeit, die eigenen Interessen zu überprüfen und gegebenenfalls hintanzustellen, können unter der Vorherrschaft von irrationalen Ängsten ausgebildet werden" (Honneth 2007: 194). Dass bei funktionalen Analphabeten sozial produzierte und individuelle Ängste die Teilhabe im Bereich der politischen Partizipation (negativ) beeinflussen, lassen die Ergebnisse der ‚Interdependenzstudie' erahnen.

In Bezug auf eine emanzipatorische politische Bildung verbindet sich damit die Aufforderung, sich verstärkt mit sozialen Zugängen zur politischen Bildung auseinanderzusetzen, um beträchtlichen Teilen der Bevölkerung, die nur über rudimentäre schriftsprachliche Kenntnisse verfügen und der etablierten Schriftkultur überhaupt distanziert gegenüber stehen, die Wahrnehmung ihrer staatsbürgerlichen Grundrechte im öffentlichen politischen Raum zu ermöglichen. Aus der Perspektive der Grundbildung bleibt aber durchaus selbstkritisch zu hinterfragen, ob die Förderung politischer Partizipation zurzeit überhaupt (noch) ein ernsthaftes Bildungsziel in der deutschen Erwachsenenalphabetisierung ist. Für die Zukunft ist es deshalb von immenser Bedeutung einen fachübergreifenden Diskurs zwischen den Akteuren der politischen Bildung und der Grundbildung anzustoßen. Diese Annäherung kann mittelfristig zur Entwicklung gemeinsamer Projekte führen, mit der Zielsetzung, „dass der Ort politischer Bildungs- und Lernprozesse in erster Linie da sein sollte, wo Politik Nähe zum Alltag der Menschen hat und praktisch wird, in Bezug auf Erwachsene etwa auf der Ebene der zivilgesellschaftlichen Akteure" (Bremer/Kleemann-Göhring 2010: 26). Vielleicht führt ja die Erfahrung von Selbstwirksamkeit (political efficacy) durch erfolgreiche Aktionen im politischen Nahraum dazu, Berührungsängste abzubauen und ist der Schlüssel zu weiterer politischer Partizipation.

Fazit

Das stetige Anwachsen eines Bildungsproletariats, der Ausgeschlossenen und Überflüssigen in der Wissensgesellschaft des 21. Jahrhunderts ist ein prekäres soziales Thema, das an die Weiterbildung die permanente Herausforderung stellt, neben den traditionellen Grundbildungsangeboten innovative Ansätze zu einer inkludierenden Praxis zu entwickeln. Von grundlegender Bedeutung ist dabei die Annahme, dass Beeinträchtigungen keine individuellen Defizite darstellen, die ‚einfach da', sondern sozial konstruiert sind, also ‚gemacht' werden (vgl. Bremer/Kleemann-Göhring 2010: 26). Für eine Grundbildungsarbeit, die einen emanzipatorischen Ansatz in den Mittelpunkt stellt, ist diese perspektivische Neubeurteilung von Belang, da Alphabetisierung somit nicht ausschließlich auf eine kursbezogene Vermittlung des ‚Richtigschreibens' schulischer Prägung begrenzt werden kann, sondern Alltagssituationen in das Blickfeld geraten, in denen Menschen literale Fähigkeiten benötigen (vgl. Meese/Schwarz 2010). Sie muss noch stärker als bisher bei den sozialen Akteuren ansetzen, die aufgrund ihrer prekären sozialen Lage das größte Interesse daran haben müssten, dass ihre Bedürfnisse zum Bezugsfeld der Grundbildungsarbeit werden.

Die Leitidee von Grundbildung sollte – jenseits von Begriffen wie „Humankapital" und „Bildung als Produktionsfaktor" – darauf abzielen:
a) Partizipation in verschiedenen gesellschaftlichen Feldern zu ermöglichen,
b) die Emanzipation der Individuen zu fördern und c) diese dazu zu

befähigen, ihren gesellschaftlichen Standort und ihre Interessen zu erkennen, ihre Urteilskraft zu stärken und gegebenenfalls ihr politisches Engagement zu fördern. Sie enthält das utopische Konzept einer Wissensgesellschaft, die das elementare Menschenrecht auf Bildung verwirklicht. Deshalb gilt auch im Grundbildungsdiskurs über den individuellen und gesellschaftlichen Nutzen von Bildung hinaus der Satz, den der Philosoph Immanuel Kant in seiner Schrift „Zum ewigen Frieden" (1795) formuliert hat: „Es ist hier [...] nicht von Philanthropie, sondern vom Recht die Rede".

Literatur

Barton, David/Hamilton, Mary (1998): Local Literacies. Reading and writing in one Community, London.

Bremer, Helmut (2008): Das „politische" Spiel zwischen Selbstausschließung und Fremdausschließung. In: Außerschulische Bildung, Nr. 3, S. 266–272.

Bremer, Helmut/Kleemann-Göhring, Mark (2010): „Defizit" oder „Benachteiligung": Zur Dialektik von Selbst- und Fremdausschließung in der politischen Erwachsenenbildung und zur Wirkung symbolischer Herrschaft. In: Zeuner, Christine (Hrsg.), Demokratie und Partizipation – Beiträge der Erwachsenenbildung, Nr. 1 (Hamburger Hefte der EB), S. 12–28.

Buchstein, Hubertus (2002): Bürgergesellschaft und Bürgerkompetenzen. In: Breit, Gotthard/Massing, Peter (Hrsg.), Die Rückkehr des Bürgers in die politische Bildung, Schwal-bach/Ts., S. 11–27.

Bude, Heinz (2008): Die Ausgeschlossenen. Das Ende vom Traum einer gerechten Gesellschaft, Bonn.

Ciupke, Paul (2008): Verluste und Konstanten: Neue Zahlen und einige (auch alte) Erkenntnisse zur politischen Erwachsenenbildung in NRW. In: Außerschulische Bildung, Nr. 2, S. 210f.

Detjen, Joachim (2007): Politische Bildung für bildungsferne Milieus. In: Aus Politik und Zeitgeschichte, Nr. 32–33, S. 3–8.

Egloff, Birte (2010): Alphabetisierung und gesellschaftliche Teilhabe – Zur Einführung in den Themenschwerpunkt. In: Hessische Blätter für Volksbildung, Nr. 3, S. 203–208.

Egloff, Birte u.a. (2011): Funktionaler Analphabetismus im Erwachsenenalter: eine Definition, Bielefeld, S. 11–31.

Freire, Paulo (1971): Pädagogik der Unterdrückten. Bildung als Praxis der Freiheit, Stuttgart.

Grotlüschen, Anke/Riekmann, Wibke (2011): leo. – Level-One Studie. Funktionaler Analphabetismus in Deutschland. Verfügbar unter: http://www.alphabund.de/fileadmin/downloads/Alphabund_neu/ Bilanzkonferenz/2011_Mar_leo_v3_Bilanzkonferenz_Berlin.pdf (Abruf 04.08.2011)

Habermas, Jürgen (1990): Strukturwandel der Öffentlichkeit, Frankfurt/M.

Habermas, Jürgen (1977): Umgangssprache, Wissenschaftssprache, Bildungssprache. In: Jahrbuch der Max-Planck-Gesellschaft zur Förderung der Wissenschaften, S. 36–51.

Honneth, Axel (2007): Pathologien der Vernunft, Frankfurt/M.

Hufer, Klaus-Peter (2005): Alphabetisierung und politische Bildung: Fehlanzeige! In: Alfa-Forum, Zeitschrift für Alphabetisierung und Grundbildung, Nr. 59, S. 8f. HUSSAIN, Sabina (2010): Literalität und Inklusion. In: Kronauer (Hrsg.), a.a.O., S. 185–210.

Klein, Rosemarie (Hrsg.) (2009): „Lesen und Schreiben sollten sie schon können". Sichtweisen auf Grundbildung, Göttingen.

Korfkamp, Jens/Steuten, Ulrich (2004): Die Entdeckung des Politischen. In: Julia Genz (Hrsg.), 25 Jahre Alphabetisierung in Deutschland, Stuttgart, S. 91–100. KRONAUER, Martin (1997): „Soziale Ausgrenzung" und „Underclass": Über neue Formen der gesellschaftlichen Spaltung. In: Leviathan, Nr. 1, S. 28–49.

Kronauer, Martin (Hrsg.) (2010): Inklusion und Weiterbildung. Reflexionen zur gesellschaft-lichen Teilhabe in der Gegenwart, Bielefeld.

Linde, Andrea (2008): Literalität und Lernen. Eine Studie über das Lesen- und Schreibenlernen im Erwachsenenalter, Münster u. a. 2008,

Ludwig, Joachim/Müller, Katja (2011): Lernen und Teilhabe – Ergebnisse aus dem Projekt SYLBE. In: Projektträger im DLR e.V. (Hrsg.), Zielgruppen in Alphabetisierung und Grundbildung Erwachsener, Bielefeld, S. 119–141.

Massing, Peter (1999): Theoretische und normative Grundlagen politischer Bildung. In: Beer, Wolfgang u.a. (Hrsg.), Handbuch politische Erwachsenenbildung, Schwalbach/Ts., S. 21–60.

Maué, Elisabeth/Fickler-Stang, Ulrike (2011): Berufliche Partizipation von Teilnehmenden an Alphabetisierungskursen. In: Alfa-Forum. Zeitschrift für Alphabetisierung und Grundbildung, Nr. 77, S. 38–41.

Meese, Andreas/Schwarz, Sabine (2010): Teilhabe als Lebenswelt und Ziel von Grundbildung. Ein Systematisierungsversuch. In: Hessische Blätter für Volksbildung, Nr. 3, S. 217–225.

Münkler, Herfried (Hrsg.) (31999): Politisches Denken im 20. Jahrhundert, München.

Negt, Oskar (2010): Der politische Mensch. Demokratie als Lebensform, Göttingen.

Neumann, Franz L. (1954): Angst und Politik. In: ders., Wirtschaft, Staat, Demokratie. Aufsätze 1930–1954, Frankfurt/M. 1978, S. 424–459.

Pape, Natalie (2011): Politische Partizipation aus der Sicht funktionaler Analphabet/inn/en. In: Report. Zeitschrift für Weiterbildungsforschung, Nr. 3, S. 15–23. Rosenbladt, Bernhard von/Bilger, Frauke (2011): Erwachsene in Alphabetisierungskursen der Volkshochschulen, herausgegeben vom Deutschen Volkshochschul-Verband, Bonn

Street, Brian (1985): Literacy in Theorie and Practise, Cambridge.

Zeuner, Christine/Pabst, Antje (2011): „Lesen und Schreiben eröffnen eine neue Welt". Literalität als soziale Praxis – Eine ethnographische Studie, Bielefeld.

Mehrsprachigkeit, Bildungssprache und gesellschaftliche Partizipation

Professorin Dr. Sara Fürstenau und Imke Lange, Arbeitsstelle „Interkulturelle Pädagogik" an der Westfälischen Wilhelms-Universtität Münster

Unser Thema ist sprachliche Bildung im Kontext migrationsbedingter Mehrsprachigkeit. Wir fragen, welchen Beitrag schulische Sprachbildung zur Überwindung von Bildungsungleichheit leisten kann. Es geht also um schulische Partizipation und Schulerfolg als Voraussetzung für gesellschaftliche Teilhabe und weitere Lebenschancen durch Teilhabe am Arbeitsmarkt. Uns interessieren die Gestaltungsspielräume innerhalb der Schulen.

Ich skizziere einleitend theoretische Perspektiven und Forschungsfragen. Im zweiten Teil wird Imke Lange erste Ergebnisse aus einem laufenden Forschungsprojekt vorstellen. Im Ausblick geht es um einen Bereich, in dem wir besonderen Entwicklungsbedarf sehen: Migrantensprachen in der Schule.

1. Begriffe und Fragestellung

Mehrsprachigkeit

> *„Der Lehrer muß sich als Erzieher zur Mehrsprachigkeit begreifen. Er muß die von den Kindern mitgebrachten Sprachen, Dialekte, Regiolekte und Soziolekte in ihrem Eigenwert anerkennen, er muß seine Schüler von da aus in eine andersgeartete Bildungssprache einführen, muß ihnen das Bewusstsein ihrer wachsenden Mehrsprachigkeit geben, des ganzen Reichtums unserer sprachlichen Möglichkeiten" (Wandruszka 1979, S. 18).*

Der Romanist Mario Wandruszka umreißt einen sehr weiten Begriff von Mehrsprachigkeit, der innersprachliche Varietät einschließt.

Bildungssprache ist hier das sprachliche Register der Schule. Laut Wandruszka, (Zitat): ist „die transregionale, transsoziale Kultursprache, die wir in der Schule lernen, schon gewissermaßen unsere erste Fremdsprache" (ebd., S. 14f). Und Pierre Bourdieu (2001) sagt: (Zitat) „Die ‚Schulsprache' ist „nur für die Kinder der gebildeten Klasse Muttersprache", und von „allen kulturellen Hindernissen sind die, die mit der im familialen Milieu gesprochenen Sprache zusammenhängen, gewiss die gravierendsten und tückischsten" (Bourdieu 2001, S. 85).

„Bildungssprache" im Modellprogramm ‚FörMig'

Der Begriff Bildungssprache wird aktuell in der Erziehungswissenschaft im Anschluss an das Modellprogramm ‚FörMig' diskutiert. Er wird aus dem englischsprachigen Diskurs über academic language abgeleitet und dient als Grundlage für die Konzeption sprachlicher Bildung in migrationsbedingt mehrsprachigen Schulklassen. Konsens ist, dass alle Schülerinnen und Schüler – mit oder ohne Migrationshintergrund, mit Deutsch als Zweitsprache oder Deutsch als Familiensprache – beim schulischen Lernen von einem Unterricht profitieren, der den Erwerb des bildungssprachlichen Registers planvoll unterstützt.

Bildungssprache nach Jürgen Habermas

In einem ganz anderen Kontext hat Jürgen Habermas den Begriff ‚Bildungssprache' in den 1970er Jahren gebraucht:

> „In der Öffentlichkeit verständigt sich ein Publikum über Angelegenheiten allgemeinen Interesses. Dabei bedient es sich weitgehend der Bildungssprache. Die Bildungssprache ist die Sprache, die überwiegend in den Massenmedien [...] benutzt wird. Sie unterscheidet sich [...] von den Fachsprachen dadurch, daß sie grundsätzlich für alle offen steht, die sich mit den Mitteln der Schulbildung ein Orientierungswissen verschaffen können" (Habermas 1977, S. 39).

Habermas geht es um Sprache als Medium der Teilhabe an öffentlichen Diskursen. Auch wenn sich die kulturelle Praxis seit 1977 verändert hat und die bildungssprachlichen Anteile in den Massenmedien wahrscheinlich weniger geworden sind, ist das bildungssprachliche Register – oder mit

Pierre Bourdieu, die „legitime Sprache" – auch heute in vielen sozialen Feldern ein Schlüssel für Partizipation.

Migrationsbedingte Mehrsprachigkeit

In den Schulen ist das bildungssprachliche Register der deutschen Sprache sozusagen die Zielsprache. Die sprachliche Heterogenität unter den SuS ist gleichzeitig in der Migrationsgesellschaft sehr groß.

Hier sehen Sie die Sprachen, die von Hamburger Grundschulkindern gesprochen werden.

Home Language Survey unter Hamburger Schulen

Die 20 größten Sprachgruppen: Türkisch, Polnisch, Russisch, Englisch, Dari/Pashto, Afghanisch, Farsi, Serbisch/Kroatisch/Bosnisch, Arabisch, Spanisch, Albanisch, Portugiesisch, Grechisch, Akan/Twi, Ghanaisch, Französisch, Urdu, Romanes, Kurdisch, Italienisch, Vietnamesisch, Chinesisch

Weitere Sprachen: Armenisch, Thailändisch, Tagalog, Philippinisch, Dänisch, Aramäisch/Syrisch, Rumänisch, Niederländisch, Makedonisch, Hind(ustan)i, Japanisch, Ungarisch, Tschechisch, Koreanisch, Schwedisch, Bahasa/Indonesisch, Bulgarisch, Litauisch, Finnisch, Katalanisch, Tigrinya/Eritreisch, Lettisch, Turoyo-Aramäisch, Amharisch/Äthiopisch, Hebräisch/Ivrit, Wolof/Sengalisch, Zaza, Kasachisch, Slowakisch, Sranan Tongo, Georgisch, Hausa, Lao, Lingala, Benin-Togo, Schweizerdeutsch, Afrikaans, Estnisch, Ewe, Ibo, Isländisch, Lasisch, Mina, Mongolisch, Usbekisch, Slowenisch, Swaheli, Abchasisch, Balinesisch, Berber, Bete, Bundu, Fula, Jiddisch, Tschetschenisch, Aseri/Aserbaidschanisch, Bengali, Miship, Schottisch, Sindhi, Temein, Tscherkessisch, Turkmenisch, Yoruba

vgl. Fürstenau u. a. 2003

Die von Wandruszka beschriebene innersprachliche Mehrsprachigkeit wird durch Migrantensprachen mit ihren unterschiedlichen Varietäten erweitert, und ganz neue Varietäten, genannt Ethnolekte, kommen dazu, z. B. das sog. „Kiezdeutsch".

Doing Literacy als multilinguale soziale Praxis

So sind selbstverständlich auch die schriftkulturellen Erfahrungen von Schülerinnen und Schülern äußerst vielfältig. Mechthild Dehn (2011, S. 131) gebraucht den Begriff Schriftkultur als Synonym von Literacy und fasst darunter sowohl literale Praktiken als auch die literarische Sozialisation. Zu *literalen Praktiken* gehören „Zweckformen (z. B. Briefe, Rechnungen, Verträge, Formulare, Berichte)" und „literarische Formen (z. B. Geschichten, Rätsel, Reime, Witze)". *Literarische Sozialisation* findet nicht nur durch Bücherlesen statt, denn: (Zitat) „Heute ist nicht zuletzt über Fernsehen, Film und Video eine Teilhabe an kulturellen Geschichten als Möglichkeit der Sinnfindung und Weltdeutung möglich." Schriftkulturen (oder *literacies*) sind also durch ganz unterschiedliche soziale Praktiken beeinflusst.

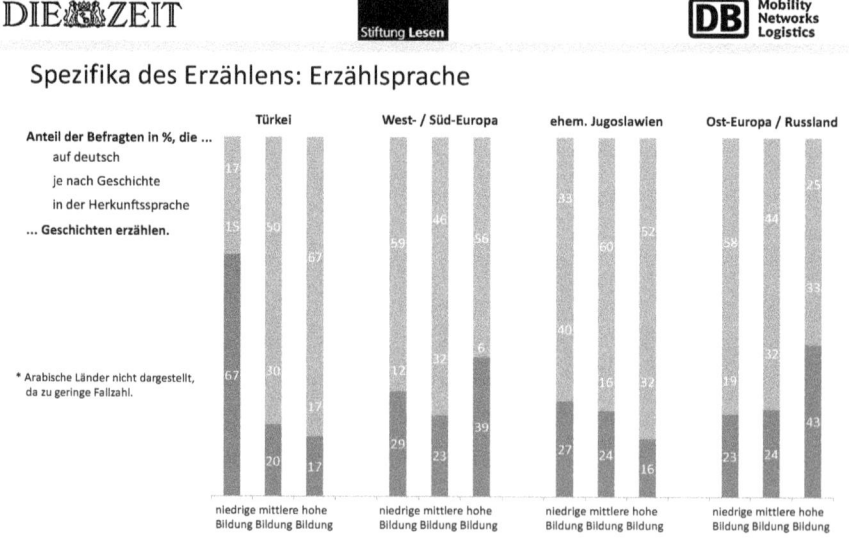

Stiftung Lesen (2010),
URL: http://www.stiftunglesen.de/fileadmin/templates/getFile.php?type=pdf&id=10
Abruf: 29.02.2012

Ergebnisse einer Studie der Stiftung Lesen (2010) enthalten Hinweise auf Schrift-kulturen in Migrantenfamilien, genau gesagt wurde ein ganz bestimmter Ausschnitt *literarischer Sozialisation* untersucht, nämlich Vorlesen und Geschichtenerzählen.

Diese Abbildung illustriert, in welchen Sprachen in Migrantenfamilien unterschiedlicher Herkunft Geschichten erzählt werden. *Blau steht hier für die deutsche Sprache, grau für die Herkunftssprache und blau heißt, die Sprachenwahl hängt von der erzählten Geschichte ab.* Deutlich wird, dass *Doing literacy* in Migrantenfamilien mehrsprachig ist.

Sprachliche Sozialisation, Literacy und Schulerfolg

Es ist bekannt, dass Unterschiede in der sprachlichen Sozialisation mit unterschiedlichen Schulerfolgschancen korrelieren. Die PISA-Studien haben belegt, dass Jugendliche, deren Familiensprache nicht Deutsch ist und Jugendliche, deren Eltern nur über geringe formale Bildung verfügen, in besonderem Maße von funktionalem Analphabetismus bedroht sind. Im deutschen Schulsystem sind diese Zusammenhänge stärker ausgeprägt als in anderen nationalen Schulsystemen. In der internationalen Lesestudie IGLU heißt es, Kinder aus einem „leseaffinen Elternhaus" haben in der Grundschule einen deutlichen Vorteil (vgl. IGLUE 2006, S. 30). Häusliche „Leseaffinität" und häuslicher Gebrauch der legitimen Sprache Deutsch scheinen also Schulerfolg zu begünstigen. (vgl. Bos u. a. 2006, Stanat u. a. 2010)

Die Frage ist, *warum* das so ist! Diskutiert werden vor allem zwei mögliche Antworten: 1. Die Kinder aus deutschsprachigen, „leseaffinen" Familien bringen günstige *Voraussetzungen* für schulisches Lernen mit. 2. Kinder aus deutschsprachigen und „leseaffinen" Familien sind in der Schule vor allem deshalb erfolgreicher als andere Kinder, weil sie *dominante Normen und Erwartungen an sprachliches Handeln erfüllen*. Welche günstigen Voraussetzungen bringen diese Kinder mit? Ihre Familiensprache – Deutsch – ist in der Schule Medium des Lernens (Es handelt sich hier eigentlich nicht um eine günstige Voraussetzung für das Lesenlernen, sondern um ein *günstiges Passungsverhältnis*). Lesende und schreibende Eltern erleichtern ihren Kindern *Zugänge zur Schriftsprache*. Nachahmung ist eine frühe Form der Aneignung von Schriftsprache (vgl. Dehn 2011, S. 131). Wenn vorgelesen wird, werden Kinder darin unterstützt, eine Vorstellung der Funktion von Schrift und damit *Sprachbewusstheit* zu entwickeln.

Literacy, Mehrsprachigkeit und Sprachbewusstheit

Es ist Konsens, dass *Sprachbewusstheit* eine günstige Voraussetzung für den Schriftspracherwerb ist. Das Reflektieren über Sprache liegt in solchen Situationen nahe, in denen der selbstverständliche, automatisierte Gebrauch von Sprache in Frage gestellt wird. Die Zeichen der geschriebenen Sprache sind laut Wygotski (1974) ein Anlass dafür. (Zitat) *„Die geschriebene Sprache zwingt das Kind, intellektueller zu handeln. Sie zwingt es, den Prozeß des Sprechens selbst stärker bewußt zu machen."* (Wygotski 1974, S. 228). Aber es gibt auch andere sprachliche Praktiken, die Sprachbewusstheit anregen, und dazu gehört der Umgang mit mehreren Sprachen. Die Erfahrungen *mehrsprachiger* Kinder führen laut Wygotski (1974) dazu, (Zitat) *„daß eine bewußtere und feinere Verwendung des Wortes als Werkzeug des Denkens und als Ausdruck des Begriffs erfolgt"* (ebd., S. 187). Mehrsprachige Kinder aus eingewanderten sprachlichen Minderheiten kommen also *auch* mit speziellen günstigen Voraussetzungen für die weitere sprachliche und kognitive Entwicklung in die Schule.

Mehrsprachigkeit und Sprachbewusstheit

Sie entwickeln früh metasprachliche Kompetenzen, sind geübt darin, sich auf komplexe Situationen einzustellen und haben nachgewiesenermaßen Vorteile beim Erwerb weiterer Fremdsprachen (vgl. Hesse/Göbel 2009). Es gibt auch Hinweise auf Vorteile bei der Bewältigung kognitiver Herausforderungen (vgl. Bialystok 2009). Trotzdem ist Mehrsprachigkeit im Falle von Minderheitenangehörigen in deutschen Schulen ein sog. *Risikofaktor* und gilt im öffentlichen Diskurs als *ungünstige Voraussetzung* für Schulerfolg.

Die Legitime Schriftkultur der Schule

Die vorhandene Vielfalt sprachlicher Sozialisationserfahrungen wird in der Schule meistens ausgeblendet, das gilt für andere Familiensprachen als

Deutsch und für illegitime sprachlich-kulturelle Erfahrungen. Die schulischen Normen sind wirkungsmächtig. Der dominante Maßstab ist legitime Literalität – das wird auch an dem Konstrukt „leseaffines Elternhaus" deutlich. *Unterschiedliche* literale Praktiken und literarische Sozialisationserfahrungen sind selten gefragt, wodurch die Erfahrungen vieler Schülerinnen und Schüler marginalisiert und abgewertet werden. „Legitime Schriftkultur" ist ein kultursoziologischer Begriff. Mit dem Begriff der Legitimität analysiert Bourdieu die Unterschiede in der *sozialen Bewertung* sprachlich-kultureller Ausdrucksformen – und nicht die Unterschiede in der *Qualität*.

"*Some kinds of interaction with print are privileged over others*"
(The new literacy studies movement, New London Group, 1996).

The "*focus remains firmly on literacy rather than literacies*".
The "*prior knowledge and learning of many children is marginalized.*"
(Edwards 2009, S. 85).

Titelseite der Zeitschirft „Spracharmut" aus dem Friedrich Verlag

Imke Lange und ich haben für diese Zeitschrift einen Beitrag über bildungssprachförderlichen Unterricht geschrieben. An der Gestaltung des Titelbildes waren wir aber nicht beteiligt. Wir teilen *nicht* die Einschätzung, dass Kinder und Jugendliche, die von Haus aus nicht über die legitime Sprache verfügen, zwangsläufig unter „Spracharmut" leiden. Das Titelblatt dieser Zeitschrift belegt einen *Common Sense*, der zur Entwertung der sprachlichen Praxis vieler SuS beiträgt. Imke Lange eröffnet Ihnen jetzt einen Einblick in ein laufendes Forschungsprojekt mit Lehrkräften, die daran arbeiten, diesen Common Sense zu überwinden.

2. Einblick in das Forschungsprojekt QueSS

Seit Januar 2010 arbeiten wir an dem Projekt „Qualitätskriterien für erfolgreiche Sprachbildung und Sprachförderung (QueSS)". Es handelt sich um eine videobasierte Unterrichtsstudie. Ziel ist, Kriterien bildungssprachförderlichen Lehrerhandelns in Schulklassen mit hohen Anteilen von Schülerinnen und Schülern mit Migrationshintergrund empirisch fundiert zu beschreiben.

In einem personenzentrierten Best-Practice-Ansatz wird der Unterricht von Lehrkräften analysiert, die ihre Schülerinnen und Schüler in besonderem Maße darin unterstützen, das bildungssprachliche Register der deutschen Sprache als Zielsprache zu erreichen. Durch die Analyse von Unterrichtsaufnahmen sollen theoretisch hergeleitete und programmatisch formulierte Qualitätskriterien bildungssprachförderlichen Unterrichts überprüft, differenziert und ggf. erweitert werden.

Forschungsfragen für die Unterrichtsstudie

– Wie stärken Lehrkräfte Kinder und Jugendliche sprachlich im Unterricht so, dass diese die Fähigkeit, das Vertrauen und die Motivation entwickeln, schulisch erfolgreich zu sein?
– Wie ermöglichen Lehrkräfte in ihrem Unterricht *allen* Kindern und Jugendlichen einen Zugang zu Bildungssprache?

Auswahlkriterien für die QueSS-Schulen

Die Grundlage für die Auswahl von Schulen basiert auf einer Auswertung von externen Leistungsdaten aus Hamburger Schulen. So konnten wir Schulklassen identifizieren, in denen auch Kinder mit Migrationshintergrund überdurchschnittliche Leistungszuwächse in den sprachlichen Testbereichen hatten und – den weiteren Weg stelle ich jetzt nicht im Detail dar – wir konnten Lehrkräfte für Unterrichtsaufnahmen gewinnen, die in diesen Klassen unterrichtet haben. (Das sind die ‚erfolgreichen' und ‚guten' Lehrkräfte.)

Die vier QueSS-Schulen
Grundschulen

Schulform	Anteil Migrations- hintergründe	KESS- Sozialindex	Konzept sprachliche Bildung
Grundschule	ca. 90 %	1 (sehr „belastet")	Schreibwerkstatt mehrsprachige Bibliothek Family Literacy
Grundschule	fast 100 %	1 (sehr „belastet")	diagnosegestützte additive Sprachförderung fächerübergreifende sprachliche Bildung Family Literacy

Sekundarschulen

Schulform	Anteil Migrations- hintergründe	KESS- Sozialindex	Konzept sprachliche Bildung
Haupt-/ Realschule	ca. 90 %	1 (sehr „belastet")	diagnosegestützte additive Sprachförderung fächerübergreifende sprachliche Bildung und Lernwerkstätten Teamarbeit
Gymnasium	ca. 50 %	4 (nicht sehr „belastet")	integrative Sprachförderung Deutsch als Zweitsprache fächerübergreifende sprachliche Bildung Lernwerkstatt

Für unser Thema sind die beiden Spalten zum Anteil der Schülerinnen und Schüler mit Migrationshintergrund und zum KESS-Index interessant: Der Sozialindex ist ein Ergebnis der Hamburger KESS-Erhebungen (Kompetenzen und Einstellungen von Schülerinnen und Schülern). Er basiert auf Angaben der Eltern und Kinder zum sozio-ökonomischen Hintergrund, zum sozialen und kulturellen Kapital der Familie sowie zum Migrationshintergrund. Im Hamburger Schulsystem wird der Sozialindex verwendet, um den „Grad der sozio-ökonomischen Belastung oder Privilegierung der Schülerschaft einer Schule" einzuschätzen (Behörde für Bildung und Sport 2005). So werden die Ressourcen der Schülerfamilien neben dem beruflichen Status auch über bildungsrelevante Ressourcen im Elternhaus erfasst – und dazu zählen auch die Anzahl der Bücher zu Hause („leseaffine" Familien) und die Bildungsabschlüsse der Eltern. Für die QueSS-Schulen lässt sich aufgrund des Sozial-Index sagen, dass es insgesamt unterdurchschnittlich wenige Bücher in den Elternhäusern gibt und die Eltern eher über eine geringe formale Bildung verfügen, das bereits erwähnte Passungsverhältnis also eher ungünstig ist.

Gefilmter Unterricht (März–Juni 2010)

32 Zeitstunden, 3 Lehrer und 7 Lehrerinnen,
11 Lerngruppen aus den Klassenstufen 1–10

Unterrichtsfächer

Grundschule 1: Offene Schreibwerkstatt, Schülerzeitung, Freie Lernzeit, Geschichten-Werkstatt, Projektzeit

Grundschule 2: Deutsch, Freies Schreiben, Mathematik, Freie Spielzeit, Sachunterricht, „Faustlos", Family Literacy
Haupt-/Realschule: Lesezeit, Deutsch, Gesellschaft, Natur und Technik, Arbeit und Beruf, Kunst
Gymnasium: Deutsch, Latein, Biologie

Zwischenergebnisse erster Unterrichtsanalysen

Unsere Zwischenergebnisse zu der Frage, was bildungssprachförderliches Lehrerhandeln auszeichnet, haben wir durch erste Analysen von

Unterrichtsausschnitten gewonnen. Wir haben Hypothesen, dass sich der Unterricht in einigen Punkten von dem anderer Lehrkräfte unterscheidet.

a. Fächerübergreifende Qualitätsmerkmale basierend auf Erkenntnissen der Lehr-lernforschung finden sich auch im Unterricht der QueSS-Lehrkräfte. So legen die Lehrkräfte ein großes Gewicht auf die Strukturierung ihres Unterrichts, z. B. in der Klarheit und sprachlichen Präzision von Arbeitsaufträgen.
b. Hohe Redeanteile der SuS
Die SuS erhalten viele und häufige Gelegenheiten, sich sprachlich zu äußern. Die Zeitanteile, in der die Lehrkräfte sprechen, liegen deutlich unter dem, was bisherige Unterrichtsstudien zeigen.
c. Hohe Anteile Formulierungsarbeit
Im Unterricht wird viel „um Formulierungen gerungen". Die Lehrkräfte fördern und unterstützen präzise und komplexe Äußerungen der Sus. Sie zeigen ein dialogisch unterstützendes Gesprächsverhalten, indem sie echte Fragen stellen und Strukturen für längere Gespräche aufbauen.
d. Hohe Anteile von Reflexionsphasen
Sowohl über das Gelernte als auch über Sprache wird viel nachgedacht und kommuniziert. Damit wird die Handlungskompetenz der SuS erweitert und selbständiges Lernen unterstützt.
e. Explizite Zusammenhänge zwischen fachlichem und sprachlichem Lernen
Die Lehrkräfte berücksichtigen, wie Sprache die Vermittlung von Inhalten erleichtert oder erschwert und legen ein größeres Gewicht auf die Sprache, wenn sich zeigt, dass die SuS sich die Inhalte noch nicht erschließen können, weil die Sprache „davorsteht".
f. Wertschätzende Haltung gegenüber den SuS
Allen sprachlichen Äußerungen der SuS bringen die Lehrkräfte eine durchgehende Wertschätzung entgegen. Es gibt kein Beschämen, Abwerten oder Vorführen, sondern die Lehrkräfte fragen nach oder reformulieren.

Insgesamt erleben sich – so zeigen es die Unterrichtsanalysen – die Schülerinnen und Schüler als sprachlich kompetent bzw. als kompetente Sprachlernende – in Bezug auf die von Wandruszka bezeichnete „andersgeartete Bildungssprache" Deutsch. Zudem zeigt sich in den Unterrichtsaufnahmen, dass die Schülerinnen und Schüler keineswegs „spracharm" sind: Sie reden viel und gerne und ständig – untereinander und mit den Lehrkräften!

Einblicke in die Interviews mit den Lehrkräften

Aktuell führen wir mit den gefilmten Lehrkräften Interviews durch – anderthalb Jahre, nachdem wir in ihrem Unterricht gefilmt haben. Es geht dabei um die Einschätzungen der Lehrkräfte zur Sprachlichen Bildung im Unterricht, zur Umsetzung eines bildungssprachförderlichen Unterrichts und zur Berücksichtigung von Mehrsprachigkeit.

Mittlerweile haben wir fast alle Lehrkräfte interviewt. Wir wollen Ihnen erste Einblicke geben:

Es zeigt sich, dass das, was wir im Unterricht gesehen haben, kein „zufälliges Vorgehen" ist, sondern sich auf einer ausgeprägten und reflektierten Haltung gründet, die sich als „Erzieher zur innersprachlichen Mehrsprachigkeit für das Deutsche" umschreiben lässt.

Dies illustrieren zwei Zitate aus den Interviews:

Zitate „Erzieher zur innersprachlichen Mehrsprachigkeit"

„Ich weiß eben, dass mein Sprachregister nicht das ist, was alle verstehen. [...] Ich versuche schon, meine Sprache auch hier in der Klasse zu benutzen, mit den entsprechenden Nachsätzen, Kommasätzen, Erklärungen, damit sie wirklich ein großes Sprachverständnis entwickeln und später auch auf der weiterführenden Schule gut mitkommen."

Lehrerin Grundschule B

„Dann überlege ich mir gezielt: Wie kann ich das jetzt vielleicht auch in irgendeinem Alltagsbeispiel flapsig formulieren und es dann noch mal auf meiner Ebene formulieren, in der Hoffnung, dass dann beides zusammen zu Klarheit bei den Schülern führt."

Lehrer Gymnasium (Biologie und Latein)

Beide Lehrkräfte beschreiben hier, dass sie sich im Klaren darüber sind, dass „ihr" Sprachregister (die „legitime Sprache" = bildungssprachliches Register im Deutschen) nicht unbedingt auch das ihrer Schülerinnen und Schüler ist. Sie zeigen auch, wie sie eine „Übersetzungsarbeit" bzw. einen Zugang zur Bildungssprache schaffen, hier durch Anreicherung bzw. Erläuterungen wie im Fall der Grundschullehrerin oder wie im Fall des

Gymnasiallehrers, indem er zwischen den innersprachlichen Registern bewusst wechselt.

Die Unterrichtsaufnahmen selbst zeigen ein großes Handlungs- und Methodenrepertoire für den Bereich, die innersprachliche Mehrsprachigkeit auf- und auszubauen.

Einbezug von Mehrsprachigkeit?

In den Unterrichtsaufnahmen haben wir allerdings – außer in den Stunden zu Family Literacy in der Grundschule – keine Momente oder Beispiele gefunden, dass Mehrsprachigkeit in Form von Migrantensprachen und damit verbundene literale Praktiken und literarische Sozialisationserfahrungen in das Lernen und den Unterricht einbezogen werden.

Die Lehrkräfte verorten „Passungsschwierigkeiten" der Schülerinnen und Schüler in Bezug auf Bildungssprache vor allem im Bildungshintergrund und Unterstützungspotential der Elternhäuser. Da die Schülerschaft der QueSS-Schulen hohe Anteile von Kindern mit Migrationshintergrund haben, vermischen sich in den Aussagen der Lehrkräfte Aspekte von Mehrsprachigkeit und geringer formaler Bildung der Eltern:

> „Die Schüler, die die sprachlichen Probleme eben auch von zu Hause mitbringen, weil sie vielleicht zu Hause zweisprachig aufwachsen oder zu Hause einsprachig aufwachsen und hier dann eine ganz andere Sprache sprechen, also hier Deutsch und zu Hause eigentlich kein Deutsch... die sind ganz klar benachteiligt... also über die mangelnde Sprachkompetenz, die sie mitbringen..."
>
> Lehrer Gymnasium (Biologie und Latein)

Da wir in den Unterrichtsaufnahmen keine Beispiele für den Einbezug von Mehrsprachigkeit haben, haben wir die Lehrkräfte in den Interviews gefragt, ob sie es für möglich halten, Mehrsprachigkeit in ihrem Unterricht zu berücksichtigen. Grob skizziert lassen sich bei den interviewten Lehrkräften zwei Positionen oder Haltungen erkennen:

1. Ich möchte Mehrsprachigkeit in meinem Unterricht nicht berücksichtigen.
2. Ich halte es für sinnvoll, Mehrsprachigkeit in meinem Unterricht zu berücksichtigen.

Beide Positionen illustrieren wir Ihnen mit Zitaten:

„Die Sprache, die sie hier im Endeffekt beherrschen müssen, ist Deutsch und da wird es ja nicht besser dadurch, dass sie es schnell mal in ihrer Heimatsprache erklären. Inhaltlich kommen sie schneller weiter, wenn sie es kurz in der Heimatsprache klären. Aber ich finde, das kann nicht der Weg sein. Es muss so sein, dass sie sich das mühsam auf Deutsch erklären und im Zweifelsfall noch mal zurückfragen und ich es versuche, mühsam zu klären und sie dann inhaltlich rangehen und darüber das Deutsch mittrainieren."

Lehrer Gymnasium (Biologie und Latein)

„Nein und ganz bewusst nein! Einfach, weil hier der Raum ist, wo sie Deutsch sprechen sollen und dies bitte auch müssen. Ich achte ganz stark darauf, dass sie sich eben nicht auf Türkisch unterhalten, sondern, dass sie im Deutschen die Wörter suchen, die dazu passen. Insofern verzichten wir ganz bewusst darauf, so eine Mehrsprachigkeit einzuführen."

Lehrerin Haupt-/Realschule (Deutsch, Natur und Technik, Gesellschaft)

Verglichen mit den Unterrichtsbeobachtungen, in denen sich die Lehrkräfte gegenüber den mitgebrachten Soziolekten der Schülerinnen und Schüler keineswegs abwertend verhalten, ist dies offenbar gegenüber den mitgebrachten Migrantensprachen anders.

Die Lehrkräfte sprechen sich für eine ausschließliche Verwendung von Deutsch aus, weil die Zielsprache ein bildungssprachliches Deutsch ist. Diese ist für den Schulerfolg entscheidend und muss entsprechend ausgebaut werden. Deshalb verzichtet die eine Schule darauf, „so eine Mehrsprachigkeit" einzuführen.

Hier zeigt sich ein common sense, der durch sozio-politische Kontexte beeinflusst ist.

Dazu sagt eine Lehrerin: „Man könnte da oft sicher fruchtbarer anknüpfen an das, was die Kinder so mitbringen... Manchmal kommen die Schüler ja von sich aus. Die müssen dann aber auch ein bisschen selbstbewusst sein. Dass die mal sagen: Das heißt in meiner Sprache so, das hört sich so ähnlich an. Darüber ist man eigentlich immer ganz froh, und ich glaube, ich könnte da auch noch gezielter ermutigen. Dadurch, dass ich keine dieser Sprachen beherrsche, die Schüler oft so mitbringen, ist es... Irgendwie liegt es mir gar nicht nahe – obwohl ich denke, es wäre eigentlich wichtig."

Lehrerin Gymnasium

Diese Lehrerin würde gerne mehr an dem anknüpfen, was ihre Schülerinnen und Schüler an mehrsprachigen Erfahrungen mitbringen – sie weiß aber nicht wie.

3. Ausblick

Migrantensprachen in der Schule

Auch die Interviews mit den Expertenlehrkräften verweisen also darauf, dass es in diesem Bereich einen Entwicklungsbedarf gibt. Mehrsprachigkeit ist als Bildungsziel nicht selbstverständlich, Wertschätzung oder Abwertung wird durch soziopolitische Kontexte beeinflusst. In internationalen Schulen für Diplomatenkinder gelten andere Maßstäbe als in Schulen mit hohen Anteilen von Kindern aus Arbeitermigrantenfamilien.

	Transformative/ Intercultural Orientation	Exclusionary/ Assimilationist Orientation
Cultural/Linguistic Incorporation	Additive	Subtractive
Community Participation	Collaborative	Exclusionary
Pedagogy	Transformative „Reciprocal Interaction-Oriented" (Cummins 1986)	Banking „Transmission-Oriented" (Cummins 1986)
Assessment	Advocacy	Legitimation
	↓ Academically and Personally Empowered Students	↓ Academically Disabled or Resistant Students

Intervention for collaborative empowerment (Cummins 200, p. 54)

Unter Berücksichtigung der sozio-politischen Kontexte zeigt Jim Cummins eine transformatorisch-interkulturelle Perspektive auf. Sein Innovationsmodell rückt die Frage in den Vordergrund, ob gesellschaftliche Dominanzverhältnisse in der Schule und im Unterricht reproduziert werden oder nicht. Cummins diagnostiziert im schulischen Umgang mit sprachlichen Minderheiten eine verbreitete ausschließend- assimilatorische Orientierung und regt eine sog. transformatorisch-interkulturelle Orientierung an. Konkret geht es z. B. um eine „additive" Einbeziehung von Sprache und Kultur der SuS, was bedeutet, die mitgebrachten Ausdrucksformen anzuerkennen und zu stärken und gleichzeitig im Hinblick auf schulische und soziale Partizipation zu erweitern. Erforderlich sind bildungspolitische Strategien, die eine transformatorisch-interkulturelle Orientierung unterstützen.

Perspektiven auf Mehrsprachigkeit – Analysedimension für bildungspolitische Strategien

Hier ist dieses Analyseraster von Heike Niedrig hilfreich. Es gibt einen Überblick über die konzeptionellen Perspektiven auf ‚Mehrsprachigkeit', denen unterschiedliche *sprachbildungspolitische* Strategien zugrunde liegen. Die erste Spalte steht für eine Perspektive, die Komplexität tendenziell reduziert. Migrationsbedingte Mehrsprachigkeit wird hier in erster Linie als Kommunikationshindernis und als unvermeidliches Durchgangsstadium betrachtet. Dem entsprechen Bildungsprogramme, die ausschließlich auf das Erlernen der *dominanten Sprache* abzielen. Diese Perspektive findet sich in einem *assimilationsorientierten* Diskurs, der mit sog. „Sprachförderung" meistens nur Förderung des Deutschen meint, und zwar im Sinne von *Defizitausgleich*. (Spalten 2 und 3): Die anderen beiden Perspektiven berücksichtigen Mehrsprachigkeit als Bildungsziel, und zwar auch im Falle von Migrantinnen und Migranten. Niedrig unterscheidet zwischen Konzepten, die Mehrsprachigkeit als *Produkt von Bildungsprozessen* fokussieren (zweite Spalte) und Konzepten, die vorhandene Mehrsprachigkeit als *Bildungsvoraussetzung* berücksichtigen (dritte Spalte). Ein Beispiel für Mehrsprachigkeit als Qualifikationsziel wäre der Anspruch, dass jeder EU-Bürger dreisprachig werden soll. Ein Beispiel für die Berücksichtigung von Mehrsprachigkeit als Bildungsvoraussetzung wäre ein

Begegnungssprachenkonzept, nach dem die Familiensprachen aller Kinder in einer Schulklasse als Ressource für die sprachliche Bildung genutzt werden sollen. Die Analysedimensionen können dazu dienen, das Transformationspotenzial sprachlicher Bildungspolitik und konkreter schulischer Strategien zu reflektieren.

Niedrig schreibt:

„Wünschenswert wäre meines Erachtens eine durchdachte Kombination von Elementen der dargestellten Strategien, angepasst an die jeweiligen lokalen Sprachverhältnisse, aber im Bewusstsein der größeren nationalen und internationalen Kontexte, und das heißt des Zusammenhangs zwischen sprachlicher Hierarchie und symbolischer Legitimierung von Machtgefällen"

(Niedrig 2002, S. 11).

Das Schema von Heike Niedrig ermöglicht, Konzepte von Mehrsprachigkeit zu erfassen. Wie sie sagt, „überwiegen in der Praxis vermutlich Mischformen" – und das können wir bestätigen. Für unsere QueSS-Schulen ließen sich die Analysedimensionen von Heike Niedrig auf „innersprachliche Mehrsprachigkeit" übertragen.

Z. b.: Wir finden – je nach Lehrkraft mehr oder weniger akzentuiert – die Perspektive „Reduktion von Komplexität":

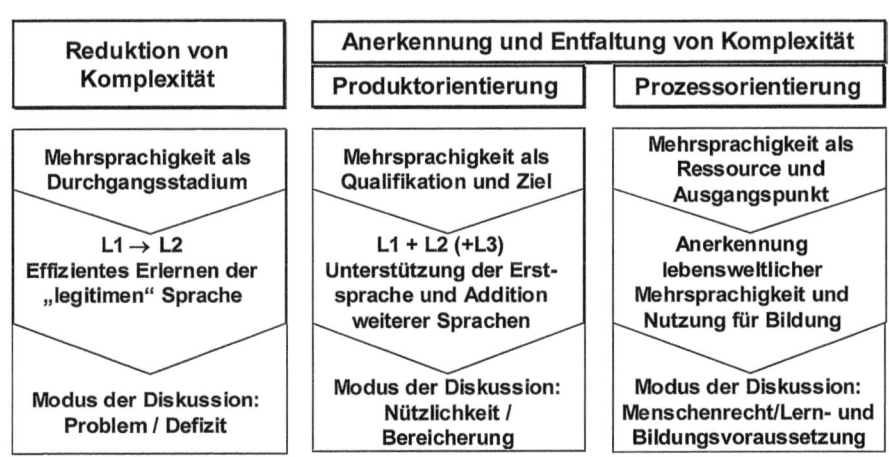

Analysedimensionen für bildungspolitische Strategien (Niedrig 2000)

Die Lehrkräfte formulieren als ihre Aufgabe die Unterstützung beim Erlernen der „legitimen" Sprache. Aber: Sie tun dies gezielt auf das für das für schulischen Erfolg entscheidende Register „Bildungssprache" (innersprachliche Varietät). Eine problematisierende oder defizitorientierte Haltung lässt sich dabei nicht ausmachen. Es überwiegt eine Haltung, den Schülerinnen und Schülern immer wieder neue Wege zu eröffnen, sich Zugänge zur Bildungssprache zu erschließen.

Einige Lehrkräfte erzählen in den Interviews auch über Sprachen, die sie gelernt haben. Hier sehen wir Ansatzpunkte für die Anerkennung und Entfaltung von Komplexität in Bezug auf Mehrsprachigkeit:

> „Ich kann Arabisch und Türkisch. Das ist so das Hauptsächliche. Wobei – ich habe auch ein Spanischlexikon hier. Also man hat schon die ganzen Lexikas und lässt gucken oder guckt selber."
>
> Lehrerin Grundschule

Von hier aus wäre es nur ein kleiner Schritt, dass die Kinder und Jugendlichen mit den Lehrkräften mehrsprachige literale Praktiken einüben.

Literacy and Civil Society:
A Perspective on policy, theory and practice in the UK

Professorin Mary Hamilton, Ph.D.,
Professor of Adult Learning and Literacy, Lancaster
University, England.

Thank you so much for inviting me. It's a great opportunity. I'm really sorry but I have to speak in English. It's been a great frustration to me, not to be able to speak or listen to the papers delivered in the German language this morning. However, Laura has done a fantastic job of translating the main points and I can see many points of contact between what I want to say and what is already been said today. I hope I can make those connections.

As Klaus said, I work at the University of Lancaster and I'm very fortunate to be part of a group of colleagues there, who have worked to develop an alternative way of seeing literacy as part of social practice, as part of everyday situated knowledge. I bring that understanding into my discussion today. I want to talk about the promises and paradoxes of literacy and democratic social political participation and I want to do so in the context of recent policy theory and praxis in the UK. We have just been through a period where you could say we have been carried along on a 'wave' of policy, where we had lots of funding and attention paid to adult literacy. The wave has now crested, the policy interest is ebbing away and so is the money. It seems to me that you're in the middle of one of these waves here in Germany at the moment so this could be a very useful point in time to be talking to you about how I see the effects – in particular the lasting and paradoxical effects resulting from – our recent experience in the UK.

I will talk from an understanding of literacy as part of social practice, emphasizing every day life uses and how those are linked to education. My interest in and passion for this grew out of my teaching experiences in adult education. I want to emphasize as well, that I think it's really important, that we see continuities between the old print technologies, which we often refer to as 'literacy' and the new digital technologies, which also embed reading and writing activities within them. They are very often treated as two separated fields of research and practice. I think we can really benefit from looking at the continuities and the differences between these different mediums if you like through which we deal with the written word.

One of the things about literacy as social practice is that we take a historical view on our current situation and I'm very much in favour of that as it gives us a comparative view on literacy. And what history tells us is that there is a huge burden of expectation on literacy in terms of participation, democratic participation and so on. There is a lot of attention paid to the benefits of literacy for individuals in terms of participation and empowerment and there are many experiences of its positive effects. I think history also suggests that we need to pay attention to the benefits for the state and for other agencies in promoting literacy. If you look at the way in which different sponsoring agencies have purposes for literacy, promote access to particular literacies in particular times and places, there are very many benefits for the state in ensuring that citizens are highly literate so as to help organise and monitor social activity within the state. In some cases, there are benefits to society in maintaining inequalities – having some highly literate people and others with less access to the written word. So let's bear this in mind, that there are benefits for the state, for social and commercial agencies as well as for individuals. Finally, that literacy can have paradoxical effects on individuals, negative as well as positive ones, which is part of. It depends on their position as citizens.

I want to give you very briefly the example for Wales, which is the smallest of the countries included in the UK. Wales achieved greater devolved powers as an independent country at the end of the 1990s. The people of Wales have a very strong history of literacy in the welsh language, that involves the organization of cultural events such as the national eisteddfod and its own music and literature. This goes back a long way for many centuries. Welsh is a completely different language, it's not a dialect of english. It's a Celtic originated language. In 1847 when the English state was organizing universal literacy within the country, they brought in a series of guidance and regulations which prohibited the use of the Welsh language in schools. At that point you could not speak and you could not write in Welsh if you were studying in the education system. In 1998 during the devolution of political power to Wales, official bilingualism was introduced into the country. So now every child is taught in Welsh and many of them are learning Welsh as well as English. A child might be taught in a welsh medium school, where all the subjects are taught in the welsh language or you might have an English medium school where Welsh is still spoken and is taught as a compulsory language. This is a very different valuing of the Welsh language and of course every road sign and every official document is now in the two languages, in Welsh and in English.

And so that's an example, where changes in the social and political context led to a completely different approach to language and literacy. There is a lot of similar historical evidence that literacy is used by the state in terms of nation building and nationality. However, the ways in which this happens and how citizens respond to it are complicated and a fascinating subject for research.

Ok I want to move on to the evidence that we have within the UK about the links between literacy and participation, the effects of literacy learning on social participation. We have some population studies, we have longitudinal cohort studies where we followed people through from birth into adulthood. They have produced some very useful information for us. John Bynner and Samantha Parsons have done a lot of work with these studies and in one of their papers published in 2002, they found good survey based evidence that those with more limited literacy participate less in formal politics in the UK and in voluntary community groups and have less interest in doing so. You might argue about their definition of voluntary community group, because it's quite often something like ‚The Womens Institute' or ‚Parent-Teacher Association' which are quite kind of official sanctioned voluntary groups if you like. If you were to include more informal local organizations, sports associations for example or child-care groups you might find a very different pattern of participation, so it all depends on what you mean by voluntary activities. But in terms of their definitions, they found distinct relationships of this kind. In a later study, they found that limited literacy is also associated with more limited use of computer technologies. So the idea that maybe you can't read and write very well but that you are a whizz on the computer may be true for some people, but the traditional inequalities in literacy seem to carry through to the use of digital technologies as well and in terms of our access to official organizations and information, that is extremely important. In looking for the implications of literacy for participation in the information society, we really need to consider digital literacies as well as printed books.

I want to just jump very quickly to the UK policy. I mentioned right at the beginning of this talk, the „Skills For Life" strategy. We carried out a baseline survey in 2003 and another one in 2011 that looked at the number of people who have increased their participation in literacy courses as a result of this policy strategy, which I will go on to tell you a little more detail about later on. We don't necessarily need to take in all these figures, but the participation measures that we used to assess the success of the policy were participation in the courses themselves and individual achievement on a national literacy test. We don't measure whether people are more involved as citizens, whether they have more political interest or changed attitudes towards democracy at all. We don't seem to be interested in that. And I think that has partly to do with the emphasis of the policy around social inclusion for employment, based on a human resource model of literacy. It doesn't seem to be so interesting to the UK government at this moment whether people are increasing their participation as citizens within social and political life.

From the statistics we have collected in England, it looks as if we were doing really well in terms of reducing the number of people who seem to be in need of access to literacy. In Germany at the moment I think you have an estimated 7.5 million adults in need of literacy help. In 2001 the UK estimate was 7 million adults and I think this has been reduced considerably. The numeracy result is a bit more paradoxical, because, despite a parallel numeracy strategy, it looks as if more people are in need of help with numeracy now. So I'm not sure what that's about.

So that's England, no information really about political or social participation. We do have some evidence and I really recommend this study to you from Scotland, which has had a parallel literacy campaign going on, but with a different model of literacy underpinning it. Like Wales, Scotland has become a devolved nation, with more autonomous powers. It has a very strong sense of itself as a democratic entity at the moment and also a very strong history of community based literacy activity. The Scottish government has done a study, several studies actually, on different aspects of literacy and literacy involvement. This one, which was partly survey, partly interviews, with a good sample of people learning in literacy programmes found self- reported increases in social activities and networking. What was interesting, given the discussion we had a little bit earlier was that these increases in activities in social networking didn't seem to come from the skills of literacy per se. They came from the new networks and the confidence that people were developing through their studies. Anybody who has ever talked to literacy learners will know that confidence is consistently reported as a main benefit from participation in literacy programmes. It seems as if mechanism at work there is the confidence to enter groups of people, to become active socially in your local environments and to develop new networks because you've been connected in different ways to the tutors and a new peer group that you developed through the learning organization that you are part of. So it kind of frees you from existing networks and maybe integrates you into other ones. Now this is not political networking, there didn't seem to be any increase in political involvement but this was social networking and the authors Lynn Tett and Kathy Maclachlan say that this is an essential first step. It has to do with turning around people's views of themselves, increasing self-esteem from being failed learners to being people who are capable competent learners, who can go out and develop their voice in new ways. I have spent a little time on this study because I think, given the discussion we had about the mechanisms behind any changes in participation and lifelong learning, this is a very revealing kind of study, very carefully carried out. It's not saying you solve the issues of participation all in one go, but it does have a good logic to it and suggests strategies for working with people who feel marginalized and devalued by mainstream society. I would be interested to hear your views about it.

I want to go on now to say just a bit more about the policy in the UK and what I think it has achieved and what it has not. We started out with our own internal surveys, a little bit like the recent one in Germany, which are used to justify and promote policy action. We were also quite responsive to the OECDs international adult literacy survey findings, which prompted a review of adult literacy as a field and produced the figure of 7 million adults who needed help. In 2001 the Labour government put several billion pounds into an adult literacy strategy. This was completely mind blowing for people who have worked in the field since the 1970s, because it has been a very marginalized field with very little money and all of a sudden there was a lot of cash around to do something really important. Although we did have a lifelong learning and social inclusion rationale for this policy at the beginning, it was always very much to with the economy, with prosperity, based on a cost-benefit analysis which asked what the economic return to the country would be for the investment in adult literacy. I think this will be quite familiar to you and to people working with literacy in many other countries as well. What did this investment produce? It brought in core curricula for adult literacy, for numeracy also for English speakers of other languages, so for bilingual, multilingual speakers. It brought in targets for participation and achievement, which were very closely enforced within providers so if a programme didn't meet its targets, you lost your funding. It was very carefully monitored. A range of assessments, including a national test, which produced some of the measures of success that we now have. There was a high profile publicity campaign – maybe people will recognize the ‚Gremlins'.

These images were on everything from the television to the radio, to beer mats at the local pubs. So they spent a lot of money on this campaign and won advertising of prizes for it. Professional standards and qualifications were introduced for teachers for the first time. This was a major achievement. Systems of funding and provision were co-ordinated so that the issue of literacy was dealt with across different ministries and areas of social policy. The aim was to involve all the different professionals whose

Literacy and Civil Society

work might touch literacy – people working in job centres, in homeless projects, people in health, as well as people in education. Better quality and inspection systems were also introduced. So it was a very tightly organized and closely monitored campaign.

What does participation mean within this UK model of policy and practice? I would sum it up in this way. The kind of human resource, technocratic skills-based view of literacy which was the basis for this campaign has achieved a great deal, but at the cost of including much less. It draws strict boundaries around what it's going to achieve and leaves the rest outside and I will explain what I mean by that. The policy increased programmes participation and qualifications. It used a very non-participatory model of literacy education that went very much against the traditions that were already in the field. The introduction of a core curricula, which had no choice about what you studied is part of this top-down non-participatory approach. It's determined by external qualifications, external expert judgements about what literacy should be about.

Some groups of adults were excluded, particularly those who were older and had more complex needs. If you're 'older' meaning over 65, you're not seen to be worth investing in for employment purposes, so you are not in the literacy target group at all. But also many people between the ages of thirty to sixty participated less in these programmes, than had been hoped. The participation targets where met by young adults who were already, many of them, in education or training courses within further education. They received the literacy training and assessment as part of the courses they were already enrolled on. Not that they wouldn't deserve this opportunity, not that they didn't need the literacy courses, but this was a way of filling the target members, so you have a great skewing of the age profile of those who were involved. One way this was referred to at the time was the idea of getting to the low hanging fruit. I don't know if this phrase has any German equivalent! The targets that were set, quite high and challenging to providers. We had three entry levels of achievements. Level one, level two and level three, which partially matches the international literacy survey categories, not exactly. But the targets for the providers were set at Level two. That meant that if you had learners coming in, who where lower than entry Level two, and who might take a long time to get achieve that level you were much more likely to prioritise those who are just on the threshold of the Level one, Level two divide and put them through your programmes. Because the funded courses were short-term, you could get such learners through the programme quickly and you could get the money, because you were hitting your achievement targets. That's very very tricky, and gives you an idea of the way in which well meaning policy with targets set to try make a positive difference, can actually skew and deform the way that institutions operate. Another way we talk about this effect is as 'creaming off' the learners who are easiest to help, leaving the needs of the most disadvantaged still unaddressed. This is very common in social policy in the UK now and it has really serious effects I think.

Some definition of literacy is always used to measure success and I want to say something about that in a moment. If you look at the core curricula and the achievement tests used in ‚Skills for Life', they are not aligned with adult literacy as it has been defined in the past. Traditional adult-centred pedagogic strategies and goals have been marginalised in favour of aligning practice and measure of achievement with school based. We don't actually talk about adult literacy anymore. We talk about functional skills. This is something that is offered within the school system as well. So we have a system, relating to basic skills, that goes all the way through from early secondary school education right through to adulthood. This is great if you want a streamlined system, that produces qualifications, that are exchangeable within the education market, but it's not the adult education that we used to have within the UK. It's completely transformed now.

The final paradoxical effect of our current policy is that migrants and bilingual learners are increasingly made invisible within policy and practice. Bilingual learners were included in the ‚Skills for Life' policy with a specially developed customised curriculum. That curriculum is increasingly being merged with the literacy curriculum as people question whether we need a separate curriculum? Maybe this is just literacy and you need to just change it a bit around the edges? The other big thing that happened is, that although funding for literacy and numeracy and bilingual learners it was free for ten years, more recently the government has decided that we can't afford to pay for the large number of bilingual learners who have come forward for help. We didn't want to pay for people coming into the country as migrant workers. So the funding for those learners has been reduced and this has been an enormous struggle over the last years. I just wanted to put up this picture, because I actually think one of the really impressive examples of participatory democratic literacy activity that has been going on in the UK, is the campaign for the rights of bilingual learners for a free basic education. The campaign has won some concessions from the government, for the next year at least. They have done some fantastic things. It is a coalition between the practitioners and the learners and they had for example a very large letter writing campaign to politicians, where individual learners write about their own experiences in order to convince politicians that it's important for them to have this basic language and literacy education.

I would like to return to the social practice theory of literacy that I started with and how this might be able to help us understand the relationship between democratic participation and literacy. This approach defines literacy as the general cultural ways in which people engage with and value writing, reading in their lives. As I've said, literacy practices can be usefully understood in a historical perspective and how they are part of relationships between people, within collaborative exchanges among groups and communities rather than being a set of universal properties, that reside in individuals. So it's really a shift from looking just in terms of individual deficits or achievements and saying: What is it that we are doing together in terms of written communication within a society, what are people doing? In the work that I've done with my colleague David Barton, Local Literacies (it's a book that has just been reissued this year, if you are interested in getting hold of the latest version of it) we identified six broad categories of what we call vernacular literacies. These are the kinds of ways in which people use literacy in their everyday lives and not all of these are represented within an official measure of what literacy is. So, (1) literacy is used for organizing personal and family life and particularly for responding to the demands of official institutions;(2) personal communication, (3) private leisure, and that's a huge category that goes across just about anything you can imagine and one of the things that was interesting, when we wrote the book recently was discovering from our interviews the large amount of activities that people engage in as fans of various media programmes for example and there is huge amount of writing on the internet, where people write their own versions of popular media programmes. I can see people who already know about these things but there is a huge underground set of literature that is being written, so private leisure, there are lots of possibilities there. (4) Documenting personal, family, social life. (5) Using literacy to create a sense of time and place and to assert identity. I think this is particularly true in communities that have been displaced, with people who have been displaced or dispersed, who use literacy to kind of gather that sense of identity around them. The idea of sense making, using literacy for practical purposes, to solve problems defined by themselves and a response to practical need, which creates the desire for information and explanation and finally (6) social participation, which is almost always a transformative activity and I think as some of you have already pointed out today, this often involves conflicts and difficulty. Transformation does not happen easily and I think we lie to people if we say that their problems with literacy will dissolve and their lives will be transformed by a ten-week literacy course. It's just not true.

In terms of a conclusion, I think that one of the really important things to develop a democratic approach to literacy and links with social particiation, is to hold on to a democratic pedagogy and organize a participative context for learning That was part of the argument made in the last presentation, the last two presentations actually, and particularly the one concerned with recognizing and acknowledging the diversity of experience that learners bring with them and allowing that to kind of move the curriculum and the activities that take place within the classroom. I think, that is really important and it follows from the social practice approach to literacy, which emphasizes that literacy is embedded in social relations. So if you're learning literacy within an authoritarian relationship, you're not learning a model of literacy that can be transferred easily into confident political or social participation within the society. So you need to mirror that participative, democratic goal within the learning opportunities available to people.

The other really important conclusion that I take from the work that we have done is that it is important to look at all the contexts within which people engage with literacy and how reading, writing and text travel between them. This is often talked about in terms of transfer in one setting to another, but it is much more subtle than that. I recommend this study to you [Ivanic et al] which looked at the ways in which students in vocational courses within further education colleges were not bringing into their courses and their learning many of the skills they had outside, particularly their knowledge of digital technologies. Once you actually talked to these students about what they can do, what they are interested in doing, you discover a whole wonderland of things that could be used and built on within the classroom to make the learning more motivating and more effective. So we need to really pay attention in our research to how things travel across contexts.

Finally I think literacy learning and supporting literacy and democratic participation has not just to do with education. We need to think about the other more informal, cultural environments that people inhabit and where they learn. Whether these are libraries or community resource centres, family support programmes, homeless projects, there may be many different kinds of settings, where people can either draw on a rich resource that can support their literacy and their learning or they can't because those things are not accessible to them. This is a 'joined up' approach to literacy if you like. It's not just an educational response, it's about much wider, cultural conditions. Developing large scale policy and practice for literacy involves developing a collective social imaginary of literacy and how it fits within the wider society. What we need to ask ourselves, is 'What kinds of literacy, what kinds of citizens and what kind of societies do we imagine for ourselves and for the future?'

That's it. Thank you.

Literature

Bathmaker, A-M. 2007. The impact of Skills for Life on adult basic skills in England: how should we interpret trends in participation and achievement? International Journal of Lifelong Education, 26(3), 295–313

Barton, D. and M.. Hamilton. (2012) Local Literacies – Reading and Writing in One Community. London: Routledge.

Hamilton, M. (2012) Literacy and The Politics Of Representation London: Routledge.

Ivanic et al (2009) Improving Learning in College: Rethinking literacies across the curriculum, Routledge.

Tett, L. and Maclachlan, K. (2007) Adult literacy and numeracy, social capital, learner identities and self-confidence. Studies in the Education of Adults; 39 (2), 150–167.

Social and political participation in democracy building: The Role of Literacy Programs and Educational Reforms in Russia

Professor Dr. Grigory Kliucharev,
Institute of Sociology, Russian Academy of Science, Moscow.

1. The concept of competence and the concept of ‚Bildung'

Speaking about the main purpose of education in modern society, the theorists of education can not reach a consensus on the issue of balance between the traditional understanding of Bildung in German philosophy, that is, the formation of personality and individual software features fully operational within the human culture, and skill, that is, achievement of knowledge and skills necessary for professional practice.

German scientist Hermann Roth was apparently the first who consciously used the concept of competence, to find a compromise between these two directions. Interestingly, the introduction into use of the concept of competence – in the second volume of „Pedagogical anthropology" Roth, published in 1971 – coincided with the transition from traditional to contemporary, and a wider understanding of education. Roth puts forward as a central goal of education – to bring people to a level of Maturity (Mündigkeit). Under the „maturity" he means the ability for a responsible, conscious activity. Clarifying the concept of maturity, Roth defines it as a state of consciousness in which heteronomy (subjection of a will of its own outside of the norm) is replaced by a fully autonomous (Roth, 1971). His views in this case, as close to an enlightened, advanced (emancipatory, liberal) understanding of education.

Roth does not give any definition of competence. Nevertheless, we can conclude that he had an idea about the options of understanding of this term in the social sciences and build, on its reasoning. Moreover, it appeals to literature on the development of motivation for the acquisition of competence, for example, White (1959). In any case, from the position the theorist of education and psychology, Roth (1971) defines competence as a set of individual capabilities (skills) that enable the actions and judgments:

„The concept of" maturity [Mündigkeit] should be interpreted as a competence in three ways:

a. personal competence – the ability to be responsible for a persons own actions;
b. professional competence – the ability to act and make judgments within a given profession, and also take responsibility for them;
c. social competence – the ability to act, to make judgments and take responsibility for them in the professional and social sphere, significant in public or political terms (Roth, 1971, S. 180)."

The Roth concept of competence looks extremely generalized in comparison to other theories advanced in the field of social sciences. Speaking of the total capacity (skills), he has in mind not only the cognitive ability to successfully fulfill the task, but fully understood the capacity for action, which includes emotional and motivational aspects. This is the key point to understand the modern concept of civic participation.

Finally, emancipatory line of thought relates the concept of competence with the need to take the responsibility for action. Thus, the Roth concept of competence is based on idealistic and complex understanding of the goals of education and therefore it is very close to the normative concept of Bildung, introduced much earlier by Johann Gottfried Herder.

Roth's works and some of his followers' enabled the development of several systems of indicators and measurement tools, which were then tested in practice.

When the OECD set a goal to develop an international program to measure the assess and the effectiveness of training, the key question was put as follows: What results have come at the end of young people training to be able to constructively function in society? (Trier & Peschar, 1995).

Thus, they have moved beyond the traditional educational programs and overcome limitations of classical concepts of skills and knowledge necessary to a person. They did not restrict the system of education research beyond the narrow set of mandatory school subjects and refused all psychological theories, basic cognitive abilities.

Instead, they rose to the position of the functional (instrumental, pragmatic) assessment, wondered whether people acquire the ability to cope with the demands and challenges of the shortly approaching „adult life". This set of skills to respond adequately to unanticipated requirements and to solve various tasks are now called life skills (Binkley, Sternberg, Jones, & Nohara, 1999) or cross-disciplinary skills (OECD, 1997; Trier & Peschar, 1995).

The OECD projects of measuring basic Literacy and Life skills:

IALS – International Adult Literacy Survey (OECD)

ALL – Adult Literacy and Life skills Survey (OECD)

PIAAC – Programme for the International Assessment of Adult Competences

PISA – Programme for International Student Assessment

The functional (instrumental, pragmatic) approach to the concept of competence has become central to the whole of the International Programme on the Assessment of Educational Achievement.

For example, in the PISA mathematics education is defined as „to obtain the ability to identify, understand and deal with this subject, as well as create informed judgments about the role that mathematics plays in the world". Similarly, literacy education and science education are binding to the daily needs and basic rights of life challenges.

The PIAAC programme demonstrates another approach. It tends to concentrate to measurering basic competences in reading literacy, mathematical literacy, an essential foundation for the formation of other competencies and for further personal success.

In this case, the program extends the traditional concept of PIAAC literacy in order to adapt to the requirements for skills in the information age. In a broad sense, literacy is defined as interest, attitude and ability of people to use appropriate social and cultural means, including digital technology and communication tools for generating, managing, integrating and evaluating information, forming new knowledge and communication for effective social and democratic participation.

Literacy, when viewed from the standpoint of minimal competence, is defined as a body of knowledge, skills and strategies acquired during the life of people. Literacy is also regarded as an evolving concept, which recognizes the fact that the level of literacy required for the previous generation of personal growth, economic and civic participation, are different from current expectations.

Over the past decade, the concept of basic literacy has changed substantially. In the early 1960s, UNESCO defines a basic literate person "that owns read and write enough to understand simple and brief reports on his daily life." Three decades later, a more detailed definition of basic literacy comes in everyday life. It becomes „the ability to perform activities in reading, writing and arithmetic necessary for appropriate functioning and development of both the person and his whole social environment"

Thus, there was a shift in emphasis in the definition of literacy, which is associated with the degree of human intervention into the life of micro social environment.

The concept of „literacy" expands so that it now includes a set of different skills and knowledge to allow people to carry out professional, civic and other activities in the world of modern technology.

Just as an example of civic engagement, based on the possession of modern technology, I can give you the use of the Internet and the blogosphere, in particular, which gave a very sharp jump in rates of civic participation over the past few months, in Russia and a number of other, especially North-African countries.

However, the three rounds of the International Literacy and the „Life Skills Survey" of adults have demonstrated very low levels of these skills in all the surveyed countries. This is the case that many people have serious difficulties with basic skills such as vocabulary, fluency of expressing their thoughts and opinions and several others, which are necessary for building blocks for the development of further higher levels of literacy like problem-solving or ability to self-study.

2. Empirical data on literacy

Describing the situation in Russia, we note that at this time as main official indicator we have taken the index of basic literacy rate (percentage of literate adults) the proportion of the population aged 15 and older, which in in understanding how to read and write a short simple text relating to everyday life.

In Russia, according to Government Statistic Agency, the index of literacy rate is 99.8 %, which corresponds to countries with high income. However, OECD experts indicate that Russia's rate is significantly overstated, since it is based on an outdated definition of literacy.

Secondly, in Russia the index of basic literacy refers to persons aged 9–49 years, while in most other countries to all persons aged 15–65.

Thirdly, what is most significant, the Russian official figure is based on the results of the census of 1989. As it is well known, in the USSR literacy since 1930 was one of the most important ideological indicators, largely installed by regulatory and legislative (yet, not empirical) ways.

To this remark the official figures of recent years could be added, according to which about 5 % of the population of working age has only a primary general or no primary at all education. In some regions the „rate of illiteracy" exceeds 10 % (Ust-Orda Buryat, Agin-Buryat, Komi-Perm National Districts). In some regions of the Northern Caucasus (Ingushetia) the absence of basic literacy skills demonstrates each third person. Some observers are wondering if there is a connection of this with the demonstrated here the highest activity of the participation in political elections over the country.

Moreover, there is no available data on labor migrants from Central Asia, the number of which could reach as much as 10 % of the active working population. According to our estimation, the level of basic literacy in this category is unacceptably low.

Thus, the lack of objective data about the current situation on basic literacy in Russia, as well as the expected low level of functional literacy of the population, is a serious challenge to the education system and its institutions.

An objective study of the state of literacy in our country has begun only recently. It is carried out in two directions.

First Literacy 16-year-old secondary school graduates (PISA), which was determined on international techniques (for ease of data comparison with other countries) in 2000 schools in 76 regions of the country. The results were disappointing.

Official „Russian Daily" commented with disappointment the results: „Over 65 percent of 16 year olds have not mastered the basic level of training in Russian language, and every other failed „in social science". As for the ability to learn, then there is no better case. More than half of the graduates found it difficult to comment on and explain an elementary text, proposed to him in three types: residential, newspaper, business.

In this case only one third of the students are willing to express an opinion on the read."

The results of PISA were used by opponents of the Unified State Examination (CSE). Indeed, if 50 to 65 % of secondary school graduates do not understand the meaning of test questions, it becomes clearly a significant number of illiterate writings of absurd answers in mathematics, physics, chemistry, etc.

Another area of studies is the domain of adult literacy.

While a pilot version of the study in small samples, we use the „principle of the fifteen indicators", recommended by the Council of Europe. The task is to obtain the first nation-wide comparable international data on basic literacy among 19–65 years old.

Currently, the research is underway.

However, we could demonstrate some first results referring to the topic of this conference and touch the issues of political culture and civic participation.

3. Political culture and citizen (civic) participation through the prism of education

„Political culture" and „citizen participation" are the notions that partially overlap. The first of these terms usually refer to a system of values, motivations, attitudes, governing the behavior of people in situations that are relevant to policy. The second term implies the participation of people in public life, including politics in its most various forms.

Civic participation is one of the main forms of continuing education. Unlike the other two forms – general and vocational education – it is associated with participation in public life mostly outside the scope of professional (paid) work. This implies that it is dominated by the off-market factors and values.

The main task of civic education is to teach skills to effectively participate in the affairs and management of the micro social environment. The need for civic education is permanently updated on the way of the democratization of society.

Russian society, as we know, were enthusiastic about the advent of democracy in the form of first free elections, new possibilities for personal fulfillment. Moreover, in the late 80s – early 90s, „democracy" and „market economy" were perceived by society as a future goal of social transformation and as the key terms of the formation of a new Russian identity.

But the „holidays" of democracy has long ended. A rigorous routine has begun. Pretty soon it became clear that democracy is not only a static set of certain values, institutions, human rights and freedoms that arise once and stay available for all. Yet, it is a process with two further general possibilities, either of development, or vise versa, narrowing, fading and degradation.

From this perspective, the question of how to assess public opinion in the transformations that come in the last 15–20 years and are considered to be democratic, is of great interest. Especially as a new generation for which formed in Russia during these years the economic and political way of life is not something new and unusual, and only the „natural habitat", something quite ordinary and routine.

As shown by research at the Institute of Sociology the attitudes of Russians to democratic values and institutions today are extremely complex and multidimensional. They are obviously affected by the expected entry of Russia into the World Trade Organization members and consequent deepening of the social and economic stratification of the population.

First of all, the Russians do not question the very need for the country's transition from an authoritarian system to a democratic form of government and principles. Case studies confirmed the approval of the Gorbachev's perestroika values by the majority of population – real elections of the authorities, freedom of speech, freedom of movement, travelling abroad, private business, etc.

With all the ambiguous attitudes to what is happening in the country over the past ten years, the Russians are clearly linked to the existence of society, „civil and political liberties" with this period. Although it must be admitted that their opinion on this matter is not settled yet. The comparison of the age groups of respondents shows that in the late 1990s, there were significant diversities of attitudes to civic and political reforms. The middle-aged were more tolerant to changes than young people of 16–25 years and older people of 56–65. By the 2010, the opinion of different age groups becomes significantly closer and homogeneous.

Perhaps this is a common opinion that „an effective way to influence the government in Russia did not exist" or that „the development of genuine democracy is not essential for Russia in the XXI century". The first point is shared by 62.6 % of the respondents, the second by 90.7 %.

Consequently, the need for a civilian position is low. This was demonstrated in the 2010 study by the question, „What do you consider important in raising children in today's terms?". The respondents answered five times more likely answer,, to educate the profession, which will always give a piece of bread" rather than „foster citizenship, develop democracy".

During the processing of the data respondents were divided into two groups according to their educational behavior.

The first group was composed of those who participated in any training programs in order to improve their professional skills, learn new skills or simply to expand their knowledge since the past three years. In fact these were people who participate in lifelong learning and continuing education.

Another group of respondents included those who did not participate in any formal or informal educational activities.

The main result was that between the educational, or to be more precise – learning activity and civic activity is a pronounced positive relationship.

It was found that 25.8 % of the total number of respondents in one way or another interested in politics are willing to participate in it at various levels – from community level through regional and federal levels. They called it „being in general informed about what is going on and participate in public life" In this case, the first group of civic activism exhibits 37.6 %, while the second 14.0 %.

Thus educated citizens in two and a half times more likely participate actively in public life than those who neglect their studies.

Our research have focused mainly on those who are enrolled in the course of social events and various forms of civic participation. Adult students, as the first group of respondents may be called, are much more optimistic (on average, twice as often than the second group of respondents) considered the prospect of influence on politicians and public officials, although the Russians, as noted above, in general are very skeptical of this issue – two-thirds of the population believe that there is no effective way to influence the government and control of its operations there. In the first group, two out of three respondents were willing to social equity and political action, including the protection of human rights, legislative activities, counseling, organizing pressure groups and mutual aid, etc. The second group is six times lower on this.

As revealed, the spectrum of political sympathies and civic engagement is directly related to the behavior in the field of education. Liberal views are much more often (about three and a half times) found among the „students" of the respondents. This is well illustrated by the relationship of these two groups and their respondents to the key concepts of „reform", „democracy" and „civil society".

As it turned out, the perception of democratic values also depends on the affiliation of the respondents to groups with different income levels.

Thus, the most positive „democracy" estimating group of respondents is highly profitable and its members won the most from the reforms (59.4 %).

Conversely, the poor are much more reserved and losers in the reform (31.3 %). Meanwhile, the concept of „social justice" is positive viewed of over 50 % of the respondents in all income groups.

And if, for example, the concept of „justice" is today a consensus value, the concept of democracy" evokes positive associations generally among the well adapted part of the population, and vice versa, the negative attitude is mostly spread among social outsiders.

Thus, even this example demonstrates the relationship between support for democracy, even at the associative level, and what is called „thick of his own purse." Although, of course, there are different ideological factors related to the values of democracy.

Thus, the survey found that among supporters of various political parties, more often than others, the positive association of the concept of democracy is among the liberals and supporters of market reforms, as well as among new socialist and social-democrats – in both group, more than a half of the respondents expressed a positive relevant to this concept.

Positive emotions towards the concept of democracy significantly outweigh the negative among the „centrists", and also among those respondents who do not consider themselves to be adherents of any particular ideological and political currents.

Supporters of the independent Russian path of development related to the word „democracy" have divided into three nearly equal groups. One group believe democracy a universal value that is important for Russia, no less than for other countries. Another group considers democracy as an exclusively Western phenomenon, alien to the Russian people, to shoot down the country with her predestined path.

The supporters of the communist ideology are much dominated by negative feelings about democracy. In general, this character spreads on either side of the „socialists" and „communists." Apparently, for the first – socialism – it is the most complete development of democracy (which, incidentally, is consistent with the views of Marx, Engels and Lenin), for the second – rather its opposite.

It is well known that democracy is a value, due to this concept which is so versatile that people can invest in a very different sense of it, building a hierarchy of different terms, giving more importance in the value of one or the other.

Despite talks about a crisis of democracy, the vast majority of the population of Western countries does not question either the fact of its existence, nor any of its necessity.

In Russia, the existence of democracy is still for many not obvious, in part because the ideal image of democracy, formed at the initial stage of reform, broke with the actual practice of social transformation.

There is another difference. In the West, the crisis of democracy and democratic values is primarily associated with the processes of globalization and universalization. It is no accident that in recent years in science and social practice is a constant search of new forms and experimenting in all spheres of social life in order to go beyond the traditional, established in the 20th century, the institutional framework of democracy.

Many Russian observers also get the impression that the process of democratization stalled and fell into a closed circle in which many democratic political institutions can not, they say, „stand up" because the population does not support them, not seeing them as real spokesmen for their interests.

Indicative of this respect that in all socio-demographic groups of Russians – selected by us according to education, income, gain/loss from the reform, the type of community – the choice between democracy without a guarantee of personal safety, on one hand, and hard power, guaranteeing the safety of citizens, on the other hand, is much more in favor of the latter.

At the same time the most „democratic" group includes respondents who have won as a result of reforms in the country since 1992, high income respondents, residents of cities, as well as young people, although in these groups, the choice in favor of personal security and well-being is much more likely than toward full democracy.

According to the Russians, the main threat to democracy in the country is a big gap between the rich and the poor (45 % of the respondents). Dangerous are such factors as the merging of government and big business tycoons and top bureaucrats (24 %), lack of equality of all citizens against the law (20 %), inability and unwillingness of the people themselves to fight for their rights and interests (16 %), lack in the State Duma of the political forces that reflect the real interests of ordinary citizens (16 %).

It is significant that terrorism (5 %), loss of media independence (3 %) mean less of a threat to the democratic gains.

For the development of democracy in the country and the formation of civil society is necessary, above all, to save people from financial needs (40 %), the power to force to reckon with the interests of citizens (39 %), the citizens to participate more actively in social and political life (34 %).

Thus, in the public mind there are clear priorities: personal security, material well-being, and only then – democratic freedoms.

The presence or absence of democracy and civil liberties for is most Russians, unfortunately, not a question of paramount importance. The present generation of Russians could be characterized by a high level of relativism, where the same people sometimes disagree with diametrically opposed opinions. This „plasticity", the uncertainty of public opinion can hardly be considered a threat to democracy, but the growth of conformist attitudes, it indicates with certainty. Although, paradoxically, in the same it is a background, a pledge of stability of the social system.

Now, some observations on the self-organization and the trust as elements of democracy.

Thus, participation in events organized by the local community could be considered as a kind of „Elementary School" training solidary actions.

During 2010 each one of four participated in the local voluntary collective activities. The usefulness and effectiveness of activities in which respondents were personally involved in the last year, is estimated by them, as a rule, positive or satisfactory (24 %), to solve the really important issue for them (20 %), desire to help people (16 %).

When it comes to solidarity actions to achieve a certain goal – to learn which is the main task of political education – that is the important role played by the trust between people. Let us consider some typical situations that show the degree of trust between people.

„If one day on a crowded street, someone slipped and fell, almost immediately someone come up and offer to help", say 53 %.

Not sharing this optimism, 41 % of respondents reported that they believe that the person can lie in the street an hour or two before anyone will notice.

„If a passenger finds a lost of someone at the airport in an envelope with documents, three hundred dollars, as well as the address and telephone number of the owner, he did not call to give the documents and money", said the majority of respondents (61 %).

The opposite view is held by a third of the respondents (32 %), of which 8 % are confident that he will call for sure.

„Today, people can not run small business transactions in an oral form, they need documents and other guarantees" believe two thirds of respondents (66 %).

As you can see from the survey data, the level of interpersonal trust is low. In all cases presented to the respondents, they express more distrust of the people around them. The higher education of the respondents and the better they rated their financial situation, the higher levels of interpersonal trust they show.

Some of the findings:

One of the important findings of our study is that improving the welfare of Russians is considered as the main condition for the development of democracy. And this is confirmed by the fact that financially well-off respondents are generally more likely to rely on themselves rather than on the state assistance or patronage, they are more likely to trust other people – that is important to work together for common goals.

Also, research shows that a significant condition for the development of democracy is to raise the educational level of respondents and stimulate their participation in various forms of lifelong learning. The most educated part of society is actively involved in civic and political life of their micro social environment and of the country as a whole.

At the same time, civic education is an important element for democratization. It allows, finally, to provide the equal participation and access to programs, to establish horizontal linkages between people, to stimulate public discussions and participation. One of the results of civic education is the access to skills and knowledge, which are formed on the basis of liberal values.

Also, we can conclude that civic education is an essential tool for political dialogue and reconciliation of different points of view in the contemporary Russian society. Its value is especially important in the context of growing globalization and post-modernization as cultural traditions, historical experience and the search for identity are at the center of attention.

The major surveys

by The Institute of Sociology, Russian Academy of Science and used in this report

All-Russia representative random sample n = 1750–2100

The Europe and the Germany within Russians Public Opinion (2002) The Rich and the Poor in Contemporary Russia (2003)

Social Inequalities in Sociological Dimention (2006) The Core of Russian Identity (2007)

The Urban Middle Class in Modern Russia (2006)

Low income groups of Russians: Who are they? How they live? (2008) Fears and Troubles of Russians (2008)

The Pictures of Every-day life (2009)

The Fall of the Berlin Wall: Before and After (2009) Religious Counsiosness in the Transforming Society (2010) Twenty Years of Russian Reforms (2011)

Ist Lesekompetenz eine Aufgabe der politischen Bildung? Anmerkungen zum Konzept der „politischen Lesekompetenz"

Professorin Dr. Bettina Zurstrassen, Fachdidaktik der Sozialwissenschaften an der Ruhr-Universität Bochum.

Sehr geehrte Damen und Herren, ist Lesekompetenz eine Aufgabe für die demokratisch-politische Bildung? Angesichts des heutigen Tages kann man diese Frage nur positiv beantworten. Ausgehend von der Definition der OECD zum Begriff der Lesekompetenz möchte ich meine Fragestellung und die Gliederung des Vortrages entwickeln und damit noch einmal grundsätzlichere Fragen aufwerfen.

Die OECD definiert Lesekompetenz „als die Fähigkeit, geschriebene Texte zu verstehen und zu nutzen, über sie zu reflektieren, um eigene Ziele zu erreichen, das eigene Wissen und Potential weiterzuentwickeln und am gesellschaftlichen Leben teilzunehmen" (http://www.oecd.org/berlin/themen/pisa-vonpisaerfasstekompetenzen). Aus einer psychologischen und auch pädagogischen Perspektive ist die Betonung der Selbstautonomie zunächst positiv zu bewerten. Politisch muss man die Definition etwas differenzierter und kritischer deuten, denn die OECD transportiert mit der Definition ein sehr wirtschaftsliberales Verständnis der Bürgerrolle. Sozialpolitisch steht hinter der OECD-Definition die Debatte über die Leistungsfähigkeit des Sozialstaates. Die darin enthaltene Forderung nach einer Stärkung der Selbstautonomie zielt auf die Legitimierung des Rückbaus des Sozialstaates ab. Arbeitssoziologisch muss man die Definition im Zusammenhang mit der Debatte um das Konzept über den „Arbeitskraft-Unternehmer" deuten (vgl. Pongratz/Voß 1998), wonach der Arbeitnehmer sich als Unternehmer seiner Arbeitskraft eigenständig und selbstverantwortlich für den Wettbewerb auf dem Arbeitsmarkt qualifizieren und organisieren soll. Anstelle der unbefristeten Festanstellung werden Arbeitsverhältnisse zunehmend befristet für die Laufzeit von Projekten abgeschlossen, oft in Form von Leiharbeit oder Werkversträgen. Für diese „schöne, neue Arbeitswelt" soll der Bürger/die Bürgerin befähigt werden und Lesekompetenz ist Teil dieses arbeitsmarktliberalen Fähigkeitskonzepts.

Die OECD vertritt zudem einen politischen Begriff der Lesekompetenz, der aber sehr verengt ist auf die Verfolgung von Individualinteressen. Es geht, so die OECD-Definition, darum, „eigene Ziele zu erreichen, das eigene Wissen und Potential weiterzuentwickeln". Ausgehend von den Intentionen der demokratischen Bildung greift die OECD-Definition zu kurz. Befähigung zur Mündigkeit, der politikdidaktisch umfassendere Begriff für „gesellschaftliche Teilhabe", umfasst immer auch Handeln in sozialer Verantwortung für die Gesellschaft und für die natürliche Umwelt. Aus bildungstheoretischer Perspektive ist die OECD-Definition dennoch interessant, weil ein Brückenschlag von der Lesefähigkeit zur gesellschaftlichen Teilhabe geschlagen wird, zu der auch politische Partizipation gehört.

In meinem Vortrag möchte ich ausgehend von der Definition drei Aspekten nachgehen:

Erstens, wie sieht der aktuelle Diskussionsstand zum Verhältnis von demokratisch-politischer Bildung und Lesekompetenz aus? Ich verwende hier den Begriff der Politikdidaktik, obwohl er im internationalen Feld unüblich ist. Die politikdidaktische Debatte in Deutschland weicht in Teilen von den internationalen Ansätzen ab, weil sie stärker politikwissenschaftlich ausgerichtet ist und keinen dominant erziehungswissenschaftlichen Referenzrahmen hat. Die deutsche Politikdidaktik hat aber, bei aller Kritik an ihrer „Fachlastigkeit", eine sehr breite Theorietradition, die einen guten wissenschaftlichen Reflexionsrahmen bietet. Im zweiten Teil meines Vortrags gehe ich der Frage nach, ob es eine domänenspezifische, politische Lesekompetenz gibt. Danach werde ich thematisieren, mit welchen didaktischen und unterrichtsmethodischen Lernarrangements Dozenten und Lehrkräfte in der politischen Bildung „Lesekompetenz" fördern können.

1. Politikdidaktischer Diskussions- und Forschungsstand

Ich komme zum ersten Teil meines Vortrages und skizziere den politikdidaktischen Diskussionsstand zur Verbindung von Lesefähigkeit und

Demokratiekompetenz. In der internationalen Literatur besteht ein großer paradigmatischer Konsens, dass Lesekompetenz ein Beitrag zur Politik- und Demokratiefähigkeit ist. Lesen wird als kulturelle und soziale Praxis gedeutet, die über ein rein funktionalistisches Verständnis (Skill) von Lesekompetenz hinausgeht (Papen 2005, 24–25). Professor Sven Nickel, Mitbegründer des Bundesverband Alphabetisierung e.V. beschreibt den Zusammenhang von Literalität und gesellschaftlicher Teilhabe wie folgt: „In einer literalen Gesellschaft, die ihr Wissen in Texten ablegt und ihre Institutionen auf Textkritik gründet, bedeutet das Nicht-Verfügen über Schrift eine deutliche Einschränkung der gesellschaftlichen Teilhabe und persönlichen Entwicklung" (2011, 53).

Die Daten der politischen Kompetenzforschung deuten darauf hin, dass es eine signifikante Korrelation von Lesekompetenzen und politischem Wissen gibt, wobei hier vor allem aber auch Faktoren wie zum Beispiel die soziale Herkunft, die Testergebnisse maßgeblich beeinflussen dürften. Insgesamt gibt es jedoch nur wenige theoretische oder empirische Forschungsarbeiten auf dem Gebiet der Leseforschung in der politischen Bildung, die sich bisher nur sehr verhalten dem Thema angenähert hat. So schreibt Peter Massing im „Methodentrainer" Folgendes: „Der Einsatz von Texten im Politikunterricht setzt diese Kompetenz aber voraus. Politikunterricht kann sicherlich mit dazu beitragen Lesekompetenz zu verbessern, aber das ist nicht seine eigentliche Aufgabe" (Massing 2004, 38). In der Politikdidaktik wird Lesekompetenz bisher weitgehend auf Lehrmethodik reduziert. In den nachfolgenden Ausführungen zur politischen Lesekompetenz kann ich mich also nicht auf eine Vielzahl von Studien stützen, sondern lediglich erste konzeptionelle Überlegungen darstellen und Forschungsbedarfe definieren.

2. Gibt es eine domänenspezifische, politische Lesekompetenz?

Erstaunlicherweise wird in der nationalen und internationalen Literatur nicht die Frage aufgeworfen, was das domänenspezifische einer „politischen Lesekompetenz" sein könnte. Anknüpfend an das Konzept der New

Literacy und an Forschungsergebnisse der Linguistik möchte ich mich dieser Frage nähern.

In der Linguistik wird von unterschiedlichen literalen Praktiken ausgegangen, die Menschen in ihrem Alltag anwenden. Ein Fahrplan oder eine Gebrauchsanleitung werden anders gelesen als ein Liebesgedicht oder ein politischer Kommentar. Die New Literacy-Forschung deutet Lesekompetenz als „soziale und situierte Praxis", d. h. Lesen findet in Wechselwirkung zwischen der Disposition des Individuums und dem situationalen Kontext des Lesens statt und hat Einfluss auf die Lesekompetenz (vgl. Barten 2000). Es wird daher auch oft im Plural von „Literacies" oder „Multiliteracies" gesprochen. Groeben plädiert dafür, auch die emotionale und motivationale Situationsorientierung als Dimension der Lesekompetenz mit einzubeziehen (2009, 15). Lesen ist zudem mit Identitätsarbeit verknüpft. Was bedeuten diese Erkenntnisse für den Erwerb politischer Lesekompetenz? Über welche domänenspezifischen Lesefähigkeiten sollte eine mündige Bürgerin bzw. ein mündiger Bürger verfügen?

a) Lesemotivation

Die Ansätze der New Literacy-Forschung sollen im Folgenden mit Ergebnissen der politischen Sozialisationsforschung verknüpft werden. Die Bereitschaft zum politischen Engagement und zur Auseinandersetzung mit politischen Themen korreliert hoch mit den persönlichen Überzeugungen des Individuums, politisch gestalten zu können. In Befragungen wie zum Beispiel der Shell-Jugendstudie, schätzen sich signifikant mehr Gymnasiasten (39 %) als politisch interessiert ein als Real- und Hauptschüler (jeweils 14 %). Es ist anzunehmen, dass Gymnasiasten aus ihrem sozialen Umfeld mehr positive Beispiele politischen Engagements erleben (Bürgerinitiativen, Parteimitgliedschaft etc.), sie über politikrelevante Handlungsressourcen verfügen und von daher ein positiveres Selbstkonzept des/der partizipationsfähigen Bürgers/Bürgerin entwickeln können.

Was bedeutet dies für die politische Bildung? Schriftsprachliche Voraussetzungen demokratischer Teilhabe müssen vor allem an der Lesemotivation ansetzen. Wenn politisches Interesse eng mit dem Gefühl der subjektiven, politischen Gestaltungskraft korreliert, dann sollte zum Beispiel in Bildungseinrichtungen eine demokratische Kultur gepflegt werden, damit Lernende sich als politisch handlungsfähig erfahren. Im politischen Unterricht sollten bürgernahe, niederschwellige Handlungsformen politischen Engagements aufgezeigt und erprobt werden, die in die Lebenswelt der Lernende eingebettet sind. Diese didaktische und unterrichtsmethodische Herangehendweise empfiehlt sich auch auf dem Hintergrund dessen, dass es eine positive Korrelation zwischen der Verwendung „lebensnaher Materialien bzw. Situationen und der Erweiterung schriftlichen Handelns im Alltag gibt" (vgl. Nickel 2011, S. 67).

b) Lesekompetenz

Die Lesemotivation muss zusätzlich gekoppelt werden mit politischer Lesekompetenz, wobei zu klären wäre, was darunter zu verstehen ist. Eine der zentralen Zielsetzungen der politischen Bildung ist es, Lernende zum ideologiekritischen Denken zu befähigen, worunter ich die Fähigkeit verstehe, die jeweiligen Interessenslagen und die dahinter stehenden politischen, ökonomischen und sozialen Gesellschaftskonzepte, die in Texten explizit oder implizit transportiert werden, deuten und beurteilen zu können. Der Begriff „Ideologiekritik" ist aus den Lehrplänen der meisten Bundesländer mittlerweile „ausradiert" worden, gehört aber dennoch zu den Gründungsideen der politischen Bildung nach 1945.

In der Geschichtsdidaktik ist die (ideologiekritische) Quellenanalyse immer noch ein fundamentaler Bestandteil des Unterrichtsfachs. In Lehrbüchern finden sich in leicht abgewandelter Form Raster für die Quellenanalyse, die sich im Regelfall in drei Phasen gliedern und nachfolgend, bezogen auf den politischen Unterricht, angewendet werden:

1. Erschließungsphase
   Es geht es um die Fähigkeit, politisch Texte zu identifizieren und zu erschließen, z. B. Fachtermini auslegen und anwenden zu können.
2. Inhalts- und Sprachanalyse
   Sie umfasst zum einen die fachliche Analyse und zum anderen die Analyse sprachlicher Gestaltungsmittel, rhetorischer Stilmittel und der Textsorten: Fachspezifische Textsorten sind z. B. der politische Kommentar, die politische Rede, wissenschaftliche Fachtexte oder Zeitungsartikel.

Empirisch ist mittlerweile gut gesichert, dass Kenntnisse über Merkmale von Textsorten die Erfassung und Verarbeitung steigern, weil durch sie Texte vorstrukturiert und die Rezeption vereinfacht wird.
3. Phase des ideologiekritisch-reflexiven Lesens
Reflexives Lesen beinhaltet „(…) die Verbindung von Reflexion im Sinne des Aufwerfens von Problemen und des Hinterfragens von Inhalten und Argumenten und zum anderen die kritische Reflexion im Sinne eines Bewusstwerdens des eigenen Denkens und seiner Prämissen als Grundlage für potentielle Perspektivenveränderung etc." (vgl. BMBF 2007, S. 22). In der BMBF-Expertise zur „Förderung von Lesekompetenz" wird „reflexive Lesekompetenz" deshalb mit der Entwicklung von Persönlichkeit verbunden. Aus politikdidaktischer Perspektive geht es darum, dass das Individuum politische, ökonomische und soziale Interessenlagen identifizieren und deuten kann. Persönlichkeitsbildend soll sich diese Fähigkeit in der Internalisierung einer politisch-reflexiven Grundeinstellung auswirken. Der Erwerb politischer Lesekompetenz ist damit eng verbunden mit der Entwicklung des/der politisch denkenden, kritischen und mündigen Bürgers/Bürgerin.

Grundlegend dürften Kenntnisse über Verfahren zum kritischen Medienumgang sein. Der amerikanische Sozialwissenschaftler Harold D. Lasswell hat sich in den Nachkriegsjahren mit der Problematik auseinandergesetzt, wieso die deutsche Bevölkerung in der Weimarer Republik und während des „Drittens Reiches" der nationalsozialistischen Propaganda so wenig entgegensetzen konnte? Ich kann an dieser Stelle nicht vertiefend auf mentalitätsgeschichtliche Erklärungsansätze eingehen, aber breite Kreise der deutschen Bevölkerung waren wenig sensibilisiert für die manipulative Wirkung von Massenmedien (Zeitungspresse, Rundfunk, Kino etc.). Lasswell hat 1948, ausgehend von seiner Analyse, die nach ihm benannte „Lasswell-Formel" aufgestellt, die zu einer kritischen Medienanalyse anleiten und das Bewusstsein für den reflektierten Umgang mit Medien sensibilisieren soll.

In Schulbüchern für den sozialwissenschaftlichen Unterricht werden Textanalyseverfahren oft nur auf Methodenseiten dargestellt, aber in den Lehrmaterialien zumeist nicht systematisch aufgegriffen und angeleitet.

Ist Lesekompetenz eine Aufgabe der politischen Bildung?

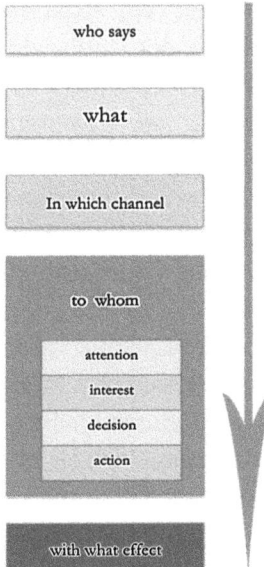

(Schaubild 1: eigene Darstellung)

Um den Lernprozess nachhaltig zu gestalten, reicht die einmalige Besprechung der Lernmethoden – zum Beispiel in „Methodenwochen Lernen lernen" jedoch nicht aus. Sie müssen vielmehr im regulären Unterricht regelmäßig angewendet werden, um ihre Anwendung zu „automatisieren".

3. Politische Lesekompetenz fördern – didaktische und unterrichts-methodische Anmerkungen

Im Folgenden soll die Brücke zur Unterrichtspraxis, konkret zur Unterrichtsevaluation geschlagen werden. Ich werde Evaluationskriterien vorstellen, die von Lehrkräften und Dozenten zur Überprüfung von Lehrmaterialien hinsichtlich ihrer Eignung zur Förderung politischer Lesekompetenz eingesetzt werden können. Das ist ein mutiges Unterfangen. Aus der rudimentären Datenlage der Unterrichtsforschung Handlungsempfehlungen abzuleiten ist methodologisch problematisch, weil die Forschung immer nur Teilbereiche des komplexen Lehr-/Lernprozesses untersuchen kann. Andererseits produziert die Unterrichtsforschung seit beinahe 50 Jahren immer wieder die gleichen Daten (vgl. Kounin 2006; Meyer 2009), aber die Erkenntnisse schlagen sich in der Unterrichtspraxis kaum nieder, weil die Bildungsforschung sich lange Zeit nicht mit Fragen der Anwendung auseinandergesetzt hat. Wer sich mit Anwendungsforschung befasst, bewegt sich in den niederen Sphären des Wissenschaftsbetriebes. Wir müssen aber diesen Schritt wagen, weil sich ansonsten die empirische Lehr-/Lernforschung zwar zum reputations- und drittmittelträchtigen akademischen Sandkastenspiel entwickelt, ohne jedoch die Lehr- und Unterrichtspraxis nachhaltig zu verbessern.

Ausgehend von der Analyse der Literatur zur Leseforschung habe ich folgende Kriterien expliziert, die relevant sein könnten für die Förderung von politischer Lesekompetenz. Die Kriterien habe ich als Evaluationskriterien zur Analyse von Lehrmaterialien angelegt. Es ist an dieser Stelle noch nicht möglich, die Ergebnisse der vollständigen Analyse zu präsentieren, weil die quantitative Inhaltsanalyse noch nicht abgeschlossen ist.

Für die Auswahl von Texten für den Unterricht/die Lehre unter der Perspektive der politischen Lesekompetenz könnten folgende Kriterien bedeutsam sein:

1. Verwendung und Analyse sachlich korrekter Fachterminologie und Fachkonzepte (versus sprachliche Komplexitätsreduktion),,
2. Lerneradäquate und sachangemessene komplexe Texte
3. Einsatz von fachspezifischen Textsorten (z. B. politischer Kommentar, Zeitungsartikel, politische Reden) und Analyse entsprechender Textmerkmale sowie rhetorischer Stilmitte,
4. Lesestrategien: Systematischer Einsatz und Metakontrolle von erschließungs- und ideologiekritischen Analysestrategien,
5. Analyse der Beziehungsstruktur.

Zu den analysierten Materialien

Für meine Analyse habe ich Lehrmaterialien ausgewählt, die für die politische Bildung mit sog. „Bildungsbenachteiligten" konzipiert wurden. Auf die in der Erziehungswissenschaft und in der Sozialen Arbeit derzeit intensiv geführte Debatte zur Begrifflichkeit, die zur definitorischen Beschreibung der Zielgruppe(n) verwendet wird, werde ich an dieser Stelle nicht

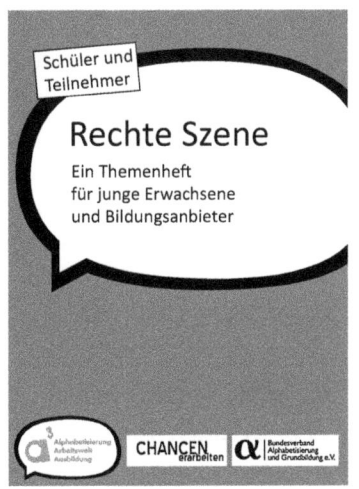

vertiefend eingehen können. Der Begriff „Bildungsbenachteiligte" wird kritisiert, weil er Lernprobleme als individuelles, in der Person begründetes „Defizit" deutet und gesellschaftliche Einflüsse wie die soziale Herkunft, soziale Vorurteile von Lehrkräften etc. ausblendet. Persönlich spreche ich daher bevorzugt von „Bildungsdiskriminierten", bin mir aber der Normativität und beschreibenden Unzulänglichkeit des Begriffes bewusst. In der politischen Bildung ist die Gruppe der „Bildungsbenachteiligten" sehr heterogen und umfasst sozialstrukturell unterschiedliche Statusgruppen. In der Gender- und politischen Sozialisationsforschung werden Frauen als Benachteiligte der politischen Bildung definiert, aber auch Personengruppen mit „Migrationshintergrund" sowie Lernende mit einem geringen formalen Bildungsstatus, der oft verbunden ist mit einer sozialstrukturell niedrigen Position.

Das analysierte Lehrmaterial „Rechte Szene" wurde konzipiert für junge Erwachsene mit einem niedrigen formalen Bildungsstatus und einer geringen Lesekompetenz. Es ist herausgegeben worden von der Verbundinitiative „Chancen erarbeiten", die vom Bundesministerium für Bildung und Forschung (BMBF) gefördert wurde. Für den Bereich „Gesellschaft und Politik" wurden drei Themenhefte konzipiert: »Rechte Szene«, »Bundestagswahl und Demokratie« sowie »Nationalsozialismus und 2. Weltkrieg: Errichtung und Festigung der Diktatur«. Nachfolgend werden die oben dargestellten Analysekriterien exemplarisch aufgezeigt.

Zu 1: Verwendung von Fachterminologie

Zu untersuchen ist, welche Fachbegriffe auftreten und ob sie sachlich korrekt und differenziert verwendet werden. Insbesondere in den Lehrmaterialien für die sog. „Grundbildung" bzw. für Haupt- und Sonderschüler besteht die große Problematik, dass Fachbegriffe im Sinne der fachlichen

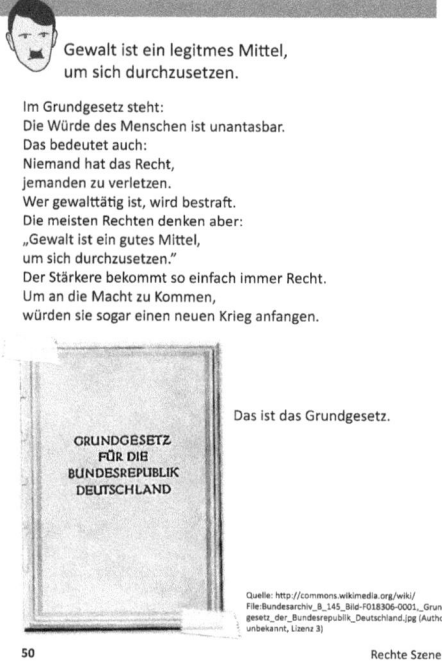

Schaubild 2: Rechte Szene, S. 50
http://www.chancen-erarbeiten.de/?id=203

und sprachlichen Reduktion durch deutsche Begriffe ersetzt oder umschrieben werden. Vielfach führt dies jedoch zu einer Vermittlung fachlicher Fehlkonzepte. Der Auszug auf der linken Seite ist aus dem Band „Rechte Szene" entnommen (Schaubild 2, http://www.chancenerarbeiten. de/?id=203, S. 50). Ich möchte das Augenmerk auf folgende Textpassage richten. In der Überschrift steht: „Gewalt ist ein legitimes Mittel, um sich durchzusetzen". Im Text wird dann der Begriff „legitim" durch „gut" ersetzt: „Die meisten Rechten denken aber, Gewalt ist ein gutes Mittel, um sich durchzusetzen". Es wird den Lernenden vermittelt, dass der Begriff „gut" ein Synonym für „legitim" ist. Legitimität zielt aber auf die Frage der Rechtmäßigkeit der politischen Herrschaft ab. Wer rechte Gewalt als legitimes Mittel definiert, versucht eine juristische Neudefinition durchzusetzen bzw. stellt im konkreten Fall das Gewaltmonopol des Staates und die demokratisch-staatliche Ordnung der Bundesrepublik Deutschland grundsätzlich in Frage. Dahinter steht ein politisch vollkommen anderer Anspruch als in der Aussage, dass viele Menschen mit politisch rechten Einstellungen Gewalt als „gutes Mittel" bewerten.

Der Begriff „gut" entpolitisiert rechte Gewalt. Der Begriff „Legitimität" gehört mit zu den zentralen Kategorien der politischen Bildung, weil über die unterrichtliche Entwicklung und Auseinandersetzung mit den Begriffen der „Legitimität" und der „Legalität" die rechsstaatlichen Ideen des Rechtsstaates erfasst werden können. Dieser Lernweg wird im Unterrichtsmaterial „Rechte Szene" nicht eröffnet.

Zwei weitere fachliche Aspekte aus dem dargestellten Lehrmaterial sollen noch ergänzt werden, auch wenn sie nicht zum Thema „Lesefähigkeit" im engeren Sinne gehören. Es wird zum Grundgesetz Folgendes ausgeführt: „Im Grundgesetz steht: Die Würde des Menschen ist unantastbar. Das bedeutet auch: Niemand hat das Recht, jemanden zu verletzen. Wer gewalttätig ist, wird bestraft". Das Grundgesetz regelt jedoch nicht das Verhältnis Bürger zu Bürger, sondern das Verhältnis zwischen dem Staat und seinen Bürgern. Die Idee des Rechtsstaates wird auch in dieser Passage den Lernenden nicht näher gebracht. Stattdessen wird erneut die Gewalt, die von extrem rechten Gruppierungen verübt wird, entpolitisiert.

Geschichtswissenschaftlich und geschichtsdidaktisch diskussionswürdig ist auch die Darstellung des Hitler-Konterfeis, weil sie nicht thematisiert wird. Die Zuspitzung des Nationalsozialismus auf die Person Adolf Hitler wurde in der Geschichtswissenschaft in den 1970 und 1980er Jahren zwischen Intentionalisten (Hitler wird als Führungsperson gedeutet, der während der nationalsozialistischen Diktatur seinen Plan realisierte) und Strukturalisten (es bestand kein vorgefertigter Plan, zum Beispiel für den Holocaust) intensiv diskutiert. Die Kritik der Strukturalisten an den Intentionalisten besteht einerseits in der Verdrängung der gesellschaftlichen Schuldfrage („Verdrängungsdebatte") sowie in der Ausblendung strukturelle Voraussetzungen des Nationalsozialismus. Andererseits kann eine Glorifizierung der Personen „Hitler" gefördert werden und das politische Bild von „Große Männer machen Geschichte", entstehen. Die Darstellung sollte mit den Lernenden auf dem Hintergrund dieser Diskussionen erörtert werden.

Zu 2: Lerneradäquate und sachangemessene komplexe Texte

Die Autoren des Heftes „Rechte Szene" haben sich für deskriptive, kommentierende Autorentexte entschieden, die in thematisch strukturierte kurze Textsequenzen gegliedert sind. In der Schulbucharbeit wird diese Art der Buchkonzeption seit einigen Jahrzehnten kaum noch angewandt. Stattdessen wird verstärkt mit Originalquellen gearbeitet, um die Lernenden an die Analyse von Zeitungstexten etc. heranzuführen. Des Weiteren soll verhindert werden, dass die Deutung des behandelten Themas nur aus der Perspektive der Schulbuchautoren erfolgt, im Sinne von „Schulbuchautoren erklären die Welt". Es handelt sich bei den Texten um eine Kombination von „didaktischen Texte", die den Wissensbereich „Rechte Szene" beschreiben, und Persuasionstexten, die den Leser/die Leserin zu einer Bewertung herausfordern. Im gesamten Heft „Rechte Szene" werden die jungen, erwachsenen Lerner jedoch nicht zu einer quellenkritischen Textanalyse angeleitet, d. h. politische Lesekompetenz im Sinne von ideologiekritisch-reflexivem Lesen wird nicht gefördert. Im Gegenteil, die Autoren liefern die Analyseergebnisse gleich mit. So werden zum Thema „Hass auf Ausländer" vergleichende Kommentare präsentiert, die von „Rechten" und von „vielen Bürgern" geäußert werden sollen und diese werden wie folgt kommentiert: „Wenn Du die Aussagen der Rechten und der Anderen vergleichst, siehst Du: Die Meinungen sind sich sehr ähnlich. Sie werden nur unterschiedlich ausgedrückt"

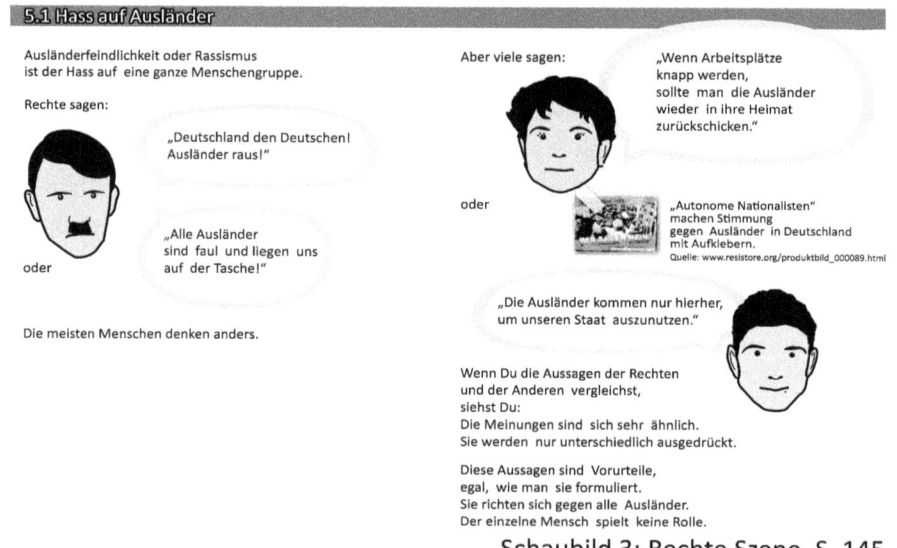

Schaubild 3: Rechte Szene, S. 145
http://www.chancen-erarbeiten.de/?id=203

Die Autoren überwältigen damit die Lernenden und suggerieren ihnen ein geringes Vertrauen in ihre politische Urteilskompetenz.

Zu berücksichtigen ist bei der Auswahl von Texten die methodische und didaktische Funktion im Unterrichtsgeschehen. Die kurzen Textsequenzen im Unterrichtsmaterial „Rechte Szene" können zwar eigenständig auch von schwächeren Lesern erschlossen werden, eröffnen aber kaum unterrichtliche Möglichkeiten zur Inhaltsanalyse. Im Rahmen meiner Schulbuchanalysen stelle ich bei Politiklehrbüchern folgende Entwicklungen fest: Die eingesetzten Texte, insbesondere in Schulbüchern für die Haupt- Gesamt- und Berufsschule werden immer kürzer und das sprachliche Anforderungsniveau wird reduziert, indem die Satzkonstruktionen vereinfacht und Fremdwörter bzw. deutsche Begriffe, die als veraltet eingestuft werden, durch einfachere Begriffe ersetzt oder umschrieben werden. Texte werden oft auf den Kerngedanken reduziert abgedruckt. Die Texte sollen dem Rezeptionsverhalten in der modernen Mediengesellschaft (kurze Nachrichtentexte auf Onlineportalen, Twitter, SMS etc.) angepasst werden, um die Lesemotivation zu steigern. Verstärkt wird damit aber die von der Leseforschung mittlerweile gut belegte Entwicklung, dass Jugendliche und junge Erwachsene zunehmend Probleme beim Lesen längerer und komplexerer Texte haben (mögliche Erklärungsansätze: Motivationsprobleme, Konzentrationsprobleme, niedrige Frustrationstoleranz, geringerer Wortschatz, Probleme bei der Analyse komplexerer Satzstrukturen). Im Unterricht sollte daher das Gegenteil erfolgen, indem komplexere Texte systematisch analysiert werden. In der Schulpädagogik gilt Textarbeit aber oft als Symbol schlechten Unterrichts, obwohl die empirische Unterrichtsforschung mittlerweile deutlich differenziertere Daten vorgelegt hat. Maßgeblich für „erfolgreiche" Unterrichtsprozesse ist die Qualität der unterrichtsmethodischen Umsetzung und der fachdidaktischen Aufbereitung, nicht die Unterrichtsmethode als solche (vgl. Meyer 2009; Helmke 2010).

Im Hinblick auf die Auswahl von Texten im Rahmen der Unterrichtsplanung können sich Dozenten und Lehrkräfte des Weiteren auf folgende Ergebnisse der Leseforschung stützen: Texte für Lerngruppen mit geringerer Lesekompetenz sollten zu Beginn das Vorwissen aktivieren, z. B. durch Advanced Organizer, sie sollten inhaltlich kohärent und gut strukturiert sein (vgl. Christmann/Groeben 2009, S. 152; BMBF 2007, S. 23–24). Bei starken Lesern würden diese Texte das Gegenteil bewirken und die Lesemotivation mindern. Die Notwendigkeit differenzierten Unterrichts lässt sich an diesem Beispiel gut verdeutlichen.

3. Einsatz fachspezifischen Textsorten

Die Kenntnis über typische Merkmale einer Textsorte („Superstrukturen") soll Einfluss auf die Textverarbeitung und das Textverständnis haben, weil im Sinne der Vorstrukturierung die Rezeption des jeweiligen Textes vereinfacht wird (vgl. BMBF 2007, S. 16; Richter/Christmann 2009, S. 33). Im Themenheft „Rechte Szene", als auch in allen der von mir gesichteten Schulbücher werden die typischen Merkmale politischer Texte wie die politische Rede, der politische Kommentar oder Gesetzestexte kaum oder nicht thematisiert. In Ansätzen erfolgt dies lediglich für die politische Rede. Eine Zukunftsaufgabe der politischen Didaktik besteht darin, politische Texte zu definieren und die typischen Merkmale („Superstrukturen") herauszuarbeiten, um diese im Unterricht den Lernenden zu vermitteln.

Zu 4: Lesestrategien

Gute Leser verfügen über Lesestrategien und wenden diese an. Lesestrategien umfassen zum Beispiel Methoden der Texterschließung (z. B. 5-Schritt-Lesetechnik) und Methoden der politisch-ideologiekritischen Textanalyse. Vor allem bei Lernenden mit geringer Lesekompetenz sollten Lernstrategien, wie oben bereits ausgeführt, regelmäßig im Unterricht eingeübt werden, damit diese ins prozedurale Gedächtnis überführt werden können. In den Lehrmaterialien „Rechte Szene" werden Lesestrategien nicht thematisiert.

5. Analyse der Beziehungsstruktur

Zum Ende der Analyse möchte ich auf den Aspekt der Beziehungsstruktur eingehen. Für mich stellen sich folgende Fragen: In welchem Verhältnis stellen sich die Autoren zu den Rezipienten? Besteht eine defizitorientierte Perspektive auf den Lernenden? Werden die Lernenden infantilisiert? Werden sie in ihrer Bildungsfähigkeit gesehen? Wird ihre Lebenswelt akzeptiert? Es ist sehr wichtig, diesen Aspekt zu berücksichtigen, weil „Bildungsbenachteiligte" sehr sensibel auf die Beziehungsstruktur reagieren. Insbesondere in Unterrichtsmaterialien für den sog. „Grundbildungsbereich" oder für die Haupt- und Berufsschule werden die Lernenden oft diskriminiert, ihnen eine schichtspezifische Sprache zugewiesen und ihre Bildungsfähigkeit in Frage gestellt. Ich möchte das exemplarisch an einem extremen Beispiel aus einem Unterrichtsmaterial der Initiative Neue Soziale Marktwirtschaft, die vornehmlich von der Metall- und Elektroindustrie finanziert wird, darstellen. Das Unterrichtsmaterial ist für Hauptschülerinnen und Hauptschüler der Jahrgangsstufe 8/9 konzipiert und soll in das Thema „Unternehmensgründung" einführen.

Als Einstieg wird den Schülerinnen und Schülern folgender Dialog präsentiert:

Arbeitsblatt: „Marcel meets Tokur"
Marcel: „Ey, was geht Alder?" Tokur: „Krass Alder, was willst du?"
Marcel: „Bunnys checken, heut' Abend in der Tanzhütte."
Tokur: „Geht nicht, Alder, muss mein Personal checken, Ware bestellen, Daten einpflegen und später noch'n Riesensatz Rechnungen schreiben."
Marcel: „Was? Schreiben? Du? Krass!"
Tokur: „Hab' jetzt krassen Laden aufgemacht. TK Döner für die Mikro. Kannst du dir bestellen. Sogar im Six-Pack für die ganze Woche."
Marcel: „Krass Alder, und sonntags?"
Tokur: „Alder, sonntags gehst du schick Essen mit dem Bunny. In Dönerladen, weißt du? Gehört auch mir. Krass, oder?"

 Aus: http://www.wirtschaftundschule.de/fileadmin/user_upload/unterrichtsmaterialien/
 arbeitsmarkt_und_berufsorientierung/Arbeitsblatt_Marcel_meets_Tokur.pdf

Auf der zweiten Seite des Unterrichtsmaterials wird der Prozess der Firmengründung präzisiert. Die problematischen Textpassagen habe ich fett markiert.

„Rezept" für den „eigenen Laden"
„Natürlich brauchst du zunächst eine vernünftige Idee für den eigenen Betrieb, für das eigene Unternehmen. Die denkst du dir am besten selber aus. Doch Idee und Vision alleine reichen nicht. Jetzt musst du diese Idee von vorne bis hinten durchchecken und in ein überzeugendes Unternehmenskonzept verwandeln **(ja, schreiben!). Das dauert.** Als Ausgleichssport ist dann schon mal das lustige Geld-Auftreiben-Spiel angesagt. Vielleicht guckst du mal ins Portemonnaie sowie auf alle verfügbaren **(eigenen!)**

Sparkonten und suchst nach – genau – Eigenkapital. [...] Wenn du potenziellen Kapitalgebern gegenübertrittst, kommt es auf eine gute Mischung an, nämlich aus fachlicher Kompetenz (**Äh, Kompetenz? Nachschlagen!**), spürbarer Motivation für das, was du auf die Beine stellen willst, Kreativität und einer Riesenmenge Überzeugungskraft. Nebenbei musst du den Leuten noch einen fertigen Businessplan (**business [engl.] – Geschäft**) auf den hübsch dekorierten Tisch legen [...] Das sind sie. Die wesentlichsten Schritte in Richtung „Ich werde mein eigener Chef". Viel Glück!"

Aus: http://www.wirtschaftundschule.de/WUS/homepage/Unterrichtsmaterial/ Selbststaendigkeit/Details.html?id=10638&language=de&from=10.

Ich habe diese Materialien Schülerinnen und Schülern aus drei Hauptschulen im Ruhrgebiet vorgelegt und sie um Kommentare gebeten. Das Unterrichtsmaterial wurde als diskriminierend empfunden. Die Schülerinnen und Schüler verwahrten sich gegen die Zuweisung des Sprachcodes im dargestellten Dialog „Marcel meets Tokur" und die damit verbundene Stereotypisierung als Unterschichtsangehörige. Besonders negativ wurde die Betonung der mangelnden Schreibkompetenz empfunden („Was? Schreiben? Du? Krass!" oder „Ja, schreiben! Das dauert"). Die Schülerinnen und Schüler fühlten sich in ihrer Bildungsfähigkeit diskriminiert („Äh, Kompetenz? Nachschlagen", „business" – der Begriff wird im Englischunterricht spätestens in der 7. Jahrgangsstufe eingeführt).

Pädagogisch dürfte die Wirkung dieses Material hoch bedenklich sein, weil die negative Stereotypisierung sich nachteilig auf das Selbstbewusstsein der Lernenden auswirkt und zu einer Beeinträchtigung des Leistungsvermögens beiträgt. Das vor allem bei einer Schülerschaft, die oft ein geringes Selbstwirksamkeitskonzept aufweist und misserfolgsorientiert ist. Die negative Stereotypisierung über eine Gruppe wirkt sich auch negativ auf die Leistungsfähigkeit aus, weil sie von den Mitgliedern der Sozialgruppe übernommen wird. Der Labeling Approach-Ansatz (Etikettierungstheorie), der diesen Prozess soziologisch beschreibt, wird gegenwärtig verstärkt in der Leseforschung angewendet.

Im Hinblick auf die Beziehungsstruktur bewerte ich im Lehrmaterial „Rechte Szene" die Anrede der erwachsenen Lernenden kritisch. Die selbstverständliche Verwendung der Anrede „Du" deutet auf eine Infantilisierung der Lernenden hin, wenn vermutlich auch sozialpädagogische Erwägungen die Autoren hierzu bewogen haben. Ich kenne aber kein Lehrbuch für die politische Bildung in der gymnasialen Oberstufe oder für den universitären Bereich, das eine ähnliche Alterskohorte als Zielgruppe hat, in dem die Lernenden geduzt werden. In Bezug auf die Gruppe der „Bildungsbenachteiligten" wird oft von „Elementarisierung" gesprochen. In der Pädagogik wurde als Elementarbereich bisher die vorschulische Bildung verstanden. Genau das ist der pädagogische, infantilisierende Blick auf die Bildungsdiskriminierten, der in der Anrede „Du" zum Ausdruck kommt. Ihnen wird die Wertschätzung für ihre Lebensleistung, ihre Fähigkeiten und Kompetenzen vorenthalten.

Politisch belehrt, aber nicht befähigt

„Politisch belehrt, aber nicht befähigt" das ist ein strenges Urteil über das Lehrmaterial „Rechte Szene" und es ist in weiten Teilen überzogen. Das Unterrichtsmaterial wurde für leseschwache, junge Erwachsene konzipiert. Die Aufgaben im Lehrmaterial setzen auf den Niveaustufen der Lesekompetenz Ia bis maximal Ib der PISA-Studie an (vgl. Naumann u.a. 2010, S. 28). Das ist angesichts der Zielgruppe nachvollziehbar und dennoch fragwürdig, weil nicht der Versuch unternommen wird, die Lernenden im Hinblick auf den Erwerb einer „politisch ideologiekritisch-reflexiven Lesekompetenz" zu fördern (Niveaustufe II-VII der PISA-Studie). Es findet in Bezug auf die Lesekompetenz in den Lehrmaterialien keine Progression statt. Funktionaler Analphabetismus in Deutschland ist aber überwiegend nicht auf mangelnde Intelligenz zurückzuführen, sondern auf unzureichende Leseanregungen im Elternhaus, gebrochene Schulbiografien und unzureichende individuelle Förderung sowie Fördermöglichkeiten an Schulen. Von daher ist das intellektuelle Potential zum Erwerb „politischer Lesekompetenz" vorhanden. Die zu Beginn des Beitrags kritisierte OECD-Definition von Lesekompetenz als die Fähigkeit „geschriebene Texte zu verstehen, zu nutzen und über sie zu reflektieren, um eigene Ziele zu erreichen, das eigene Wissen und Potenzial weiterzuentwickeln und am gesellschaftlichen Leben teilzunehmen", kann unter dem Anspruch der Förderung und Befähigung der Lernenden zu politischer Mündigkeit als Auftrag an die politische Bildung gedeutet werden. Bisher hat sich die politische Bildung dieser Aufgabe nicht angenommen. Es fehlen grundlegende konzeptionell-theoretische, didaktische Überlegungen zur Domänenspezifik einer „politischen Lesekompetenz" und es besteht ein erheblicher Forschungsbedarf in der Lehr-/Lernforschung.

Sehr geehrte Damen und Herren, ich freue mich auf die Diskussion mit Ihnen.

Literatur

Barton, David: Situated Literacies: Reading and writing in context. London 2000.
BMBF (Hg.): Förderung von Lesekompetenz – Expertise. Bildungsforschung Band 17, in: http://www.bmbf.de/pub/bildungsreform_band_ siebzehn.pdf (Zugriff: 16.9.2012).
Bundesverband Alphabetisierung und Grundbildung e.V., Projekt „Chancen erarbeiten – a³": Rechte Szene. Ein Themenheft für junge Erwachsene und Bildungsanbieter, in: www.chancen-erarbeiten.de/.../Lehrerinformation_rechte_ Szene.pdf (Zugriff: 16.9.2012).
Christmann, Ursula/Groeben, Norbert: Anforderungen und Einflussfaktoren bei Sach- und Informationstexten, in: Groeben, Norbert/Hurrelmann, Bettina (Hg.): Lesekompetenz. Bedingungen, Dimensionen, Funktionen. Weinheim und München 2009, S. 150–173).
Cope, Bill/Kalantzis, Mary (Hg.) (2000): Multiliteracies. London: Routledge.
Groeben, Norbert/Hurrelmann, Bettina (Hg.): Lesekompetenz. Bedingungen, Dimensionen, Funktionen. Weinheim und München 2009.
Groeben, Norbert: Zur konzeptionellen Struktur des Konstrukts „Lesekompetenz", in: ders/Hurrelmann, Bettina (Hg.): Lesekompetenz. Bedingungen, Dimensionen, Funktionen. Weinheim und München 2009, S. 11–21.
Helmke, Andreas: Unterrichtsqualität und Lehrerprofessionalität. Diagnose, Evaluation und Verbesserung des Unterrichts. Seelze-Velber 2010.
Kounin, Jacob S.: Techniken der Klassenführung: Standardwerke aus Psychologie und Pädagogik. Reprints. Münster 2006.
Massing, Peter: Die Textanalyse, in: Ferch, Siegfried/Kuhn, Hans-Werner/ Massing, Peter (Hg.): Methodentraining für den Politikunterricht. Schwalbach/Ts. 2004, S. 37–48.

Mayer, Hilbert: Was ist guter Unterricht? Berlin 2009.
Naumann, Johannes/Artelt, Cordula/Schneider, Wolfgang/Stanat, Petra: Lesekompetenz von PISA 2000 bis PISA 2009, in: http://www.pedocs. de/volltexte/2011/3530/pdf/Naumann_et.Al_Lesekompetenz_D_A.pdf (Zugriff: 16.9.2012)
Nickel, Sven: Literalität – Familie – Family Literacy. Die Transmission schriftkultureller Praxis und generationenübergreifende Bildungsprogramme als Schlüsselstrategie, in: Psychologie & Gesellschaftskritik, H. 3/2011, S. 53–77.
Papen, Uta (Hg.): Adult Literacy as Social Practice. More than skills. London und New York 2005.
Richter, Tobias/Christmann, Ursula: Lesekompetenz: Prozessebenen und interindividuelle Unterschiede, in: Groeben, Norbert/Hurrelmann, Bettina (Hg.): Lesekompetenz. Bedingungen, Dimensionen, Funktionen. Weinheim und München 2009, S. 25–58).
Pongratz, Hans J./Voß, Günther G.: Der Arbeitskraftunternehmer. Eine neue Grundform der Ware Arbeitskraft?, in: Kölner Zeitschrift für Soziologie und Sozialpsychologie, H. 1/1998, S. 131–158.
Ziegler, Birgit/Gschwendtner, Tobias: Leseverstehen als Basiskompetenz: Entwicklung und Förderung im Kontext beruflicher Bildung, in: Zeitschrift für berufs- und Wirtschaftspädagogik, 106. Band, Heft 4 (2010), S. 534–555.

Schriftenreihe der Demokratie-Stiftung der Universität zu Köln

Band 1   Demokratie-Stiftung (Hrsg.): Medien und Demokratie – was der Journalismus heute leistet. 2012.

Band 2   Demokratie-Stiftung (Hrsg.): Literalität und Partizipation. Über schriftsprachliche Voraussetzungen demokratischer Teilhabe. 2014.

www.peterlang.com

www.ingramcontent.com/pod-product-compliance
Ingram Content Group UK Ltd.
Pitfield, Milton Keynes, MK11 3LW, UK
UKHW041140160426
5217IPUK00045B/27